10週年全新增訂版

90天
900萬

9 million in 90 days

成大企研所博士
林 昭賢 ——著

Contents

Part 1

動能交易策略與速度盤解析

Chapter 1

當沖交易 ≠ 獲利　　　　034

有一個晚上，神來看我，祂讓我懂了，我只要把我之前的方
法（ARL ＞ ARG）反向操作，我就可以獲利了……

Part 4
7trade 投資實務教學

推薦序 1 本書是投資致富的 最佳路引

■ 莊文議｜國立臺灣大學財務金融系副教授

　　好友林昭賢博士是一位理論與實務兼具的大學
教授，其學術專長是關於期貨市場交易人的行為研
究，而其實務經驗則來自於自身在期貨市場中的長
期實戰歷練，這樣的特殊背景，使其對期貨交易擁
有許多獨特的見解。市面上的投資書籍，大多數只
著重在介紹各種投資技巧，甚少討論如何處理投資
部位的損失。但投資都是有賺有賠，只懂得投資獲
利技巧，卻不懂得如何停損，到頭來投資致富的夢
想可能還是一場空。

　　電影《KANO》有一句經典臺詞：「不要想著
贏，要想不能輸。」就是在強調「攻」跟「守」一
樣重要，才能提高在球場的獲勝機會。昭賢博士在

這本新著作中，同樣是強調在期貨市場如何「攻守兼備」，以求投資獲利的最終目的。

在本書中，昭賢博士以學術研究的嚴謹方式，利用 AI 智能圖形處理技術，仔細推敲各類型多、空頭速度盤的型態，並透過大數據演算法，找出因應不同型態速度盤的投資「攻擊」技巧。這當中乘勝追擊的「加碼」時機掌握，可讓獲利部位倍數成長，如同在棒球比賽中出現好球時，用力揮擊出全壘打，一棒創造得分。

在分析投資「守備」技巧時，昭賢博士以其在期貨市場的慘賠經驗切身說法，仔細剖析當初自己在面對交易部位損失時的不正確態度，並輔以學術研究的文獻佐證，從中歸納出不願停損的原因與後果。我相信以往在市場投資失利的讀者們，在看完昭賢博士那種「不甘心，凹下去」的慘痛經驗分享之後，一定會有「心有戚戚焉」的感受，因為這些投資失利的背後原因，都是大多數投資人會有的共

同心理偏誤所造成，早在學術文獻中班班可考。正所謂「態度決定高度」，昭賢博士也從學術文獻中，探索出如何因應交易部位損失的正確態度，這當中最重要的關鍵心態，是投資人應把停損看待成是在積極的把握未來的獲利機會，而非只是在當下消極的實現損失，「留得青山在，不怕沒柴燒」正是如此。

昭賢博士在摒除面對投資損失的心魔之後，調整心態重返市場，具體實踐「攻守兼備」的紀律投資原則，堅持信念，終致反敗為勝，成為期貨市場中少數的散戶贏家，過程雖堪稱戲劇性，但也絕非僅憑運氣而來。讀者們若也想在期貨市場一償投資致富的宿願，昭賢博士的這本書是您最佳的參考指南，向您誠摯推薦。

推薦序 2 投資人受用無窮的三大亮點

■ 江偉源｜永豐金證券總經理

　　很高興有機會幫林昭賢教授的《90天900萬》全新增訂版寫推薦序。書中第一部分敘述林教授沒有在期貨虧損時砍倉導致大幅度虧損，也影響其身心健康。之後林教授在嘗試使用動能交易策略的「試單、加碼、走」後，大幅度的提升交易獲利績效。在〈第5章〉中，林教授詳細地提供了多頭和空頭的速度盤型態，讀者在熟悉這些速度盤型態後，多加模擬練習應該可以大幅度的提高投資獲利機會。

　　書中的亮點一，為林教授透過「動能生命週期」（momentum life cycle）論文，提出具有理論基礎的存股概念，該存股概念為找出長期碎步上漲的個股

並長期投資。透過動能理論，我們知道碎步上漲是「漲會繼續漲」的基本型態，書中列舉出美國、台灣和中國碎步上漲的個股，來印證碎步上漲的個股可以續漲數個季度。

書中的亮點二，為林教授詳細地列舉出投資者常犯的交易行為偏誤，例如損失迴避、處置效果、賭徒下注行為和過度交易等。這些常見的交易行為偏誤，正是導致投資人投資績效不佳的主要原因，當投資人可以避開常見的交易行為偏誤後，當可大幅度的提高投資獲利績效。

書中的亮點三，為林教授介紹了「賭徒下注行為」和「過度自信」等交易偏誤會導致股價泡沫，藉由放空這些過高股價的個股可以迅速獲利；最後，林教授在〈第21章〉中介紹了常見的當沖交易型態，這對陷入虧損烏雲中的當沖交易者而言不啻是一大福音，先了解正確的價格型態後再交易，至少可以避開「過度交易」的行為偏誤。

　　不同於實務交易者撰寫的投資專書，林教授的書具有濃厚的學術氣息，但投資人讀起來又非常的親切且簡潔明瞭，相信投資人在閱讀本書後當可提升自己的投資能力。基於書中的眾多亮點，本人推薦投資人可藉由閱讀本書來增長自己的投資知識，避開常犯的交易行為偏誤，進而增加實質上的獲利。

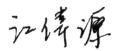

自序　用速度盤致富

　　時光飛逝，距離《90天900萬》一書出版已經十年了，在這十年的歲月裡，筆者正忙著透過投資行為理論和AI演算法，找出可投資的速度盤型態，在團隊的努力下，筆者整理出上漲和下跌各八種速度盤型態。透過AI智能圖形處理技術，我們的速度盤型態已達到100％精確；透過大數據演算法，速度盤型態在多（空）頭能達到80％以上的續漲（跌）機率。

　　這應該是一種巧合，在筆者開發完成速度盤型態時，讀書共合國的大牌出版在2021年10月向筆者邀稿，希望繼續出版有關投資心理學方面的書籍，經幾日考慮後，筆者欣然接受這項挑戰。

　　本書的撰寫區分成四部份，第一部份的內容改寫自《90天900萬》一書，敘述筆者在期貨市場的遭遇和交易策略，並新增第5章〈圖解速度盤〉、第6章〈價格和交易量的關係〉和第8章〈動能投資策略與績效〉；第二部份則是重新撰寫投資者的投資行為偏誤，並新增第13章〈心情愉悅和投資績效〉；第三部份則是上漲（下跌）速度盤實例和交易雜記；第四部份則為投資實務教學，涵蓋碎步上漲的長期投資和當沖交易。

　　本書也是筆者兒女（Sam & Emma）學習正確投資的第一本書，因此筆者必須對本書的內容正確性負起全部責任，因為它會直接影響到筆者和兒女的投資績效。為了讓讀者體驗精確速度盤型態，本書贈送讀者7trade速度盤體驗點數300點（兌換方式請詳見附錄Ⅲ），相信讀者在體驗之後，會對速度盤有一番全新的認識和收穫。

　　再次感謝大牌出版的邀稿，讓本書能順利的出

版。也要由衷的感謝家中默默支持我的爸媽和維玲，是你們的支持讓阿賢可以放手地去做研究和開發，謹以此書獻給我摯愛的家人。

2022/1/17 于台南

序章 小撈與兩光在巴黎廳1930

　　兩光與小撈相遇在巴黎廳 1930，在細細品嘗香煎鵝肝、松露燉飯、油封鴨腿與 Prime 級牛排後，在侍酒師 Jack 的推薦下，兩人分別開了 2003 年份的 Mouton Rothschild 和 1982 年份的 Margaux，在兩大名酒的微醺下，兩人無所不談，在吹牛過各自近況的豐功偉業後，他們談到了投資。

小撈：兩光，你都做什麼投資啊？

兩光：我只投資股票，而且我只買台積電。

小撈：哦！那你現在有幾張台積電呢？

兩光：大概有3,000張左右。那你都做什麼投資
呢？

小撈：哇！你是大戶哦！你這樣看好台積電。我是
有錢就買台塑和中華電信，平常我都靠交易
期貨賺錢；而且我只做期貨當沖。

兩光：哦！什麼叫當沖啊？還有你當沖的部位有多
大？

小撈：day trading就是指當沖，就是在每一天的收
盤前，平掉手上所持有的期貨部位（部位也
可稱倉位），或曰平倉，讓期貨部位等於零；
或曰不留倉。還有當速度盤來時，我會將部
位放大到約30口期貨。

兩光：哦！期貨的用語竟跟股票如此不同，好！那
我問你，期貨跟股票最大的差異在哪裡？

小撈：期貨是保證金交易，所以必須要先存入保證
　　　金才能買賣期貨，又每一口期貨有其相對應
　　　的「原始保證金」（initial margin），而且期貨
　　　實施「逐筆清算制」（mark to the market），
　　　也就是說，期貨商會隨時計算你持有部位的
　　　盈虧，如果你期貨的虧損過大且低於「維持
　　　保證金」（maintenance margin），你的期貨商
　　　就會馬上要求你增加保證金（這叫 margin
　　　call），或是期貨商會將你的部位平倉（俗稱
　　　斷頭）。買股票並不需要事先存入保證金，
　　　股票是在買（賣）後第二天才以現金交割。
　　　當然，如果不是融資（融資就是借錢）買股
　　　票，不管股價再怎麼跌也不會有 margin call。

兩光：你說得很好，但我聽得霧煞煞，你可以舉例
　　　說明嗎？

小撈：好的，我以台灣的大台指為例來說明好了。
　　　大台指一口保證金為 6.4 萬台幣，維持保證

金為4.9萬台幣。因此你最少需要先存入6.4萬元才能買（賣）一口大台指。若你現在以8,750點價位買入一口大台指，然而買入後卻跌了76點，由於大台指1點價值200元台幣，因此你會損失1.52萬台幣（76×200），所以現在你的保證金成為4.88萬台幣（6.4–1.52），低於維持保證金的4.9萬台幣，當天你的期貨商就會打電話給你，他會問你是否要補足保證金或者是直接斷頭殺出，這就是margin call了。

兩光：原來期貨是這樣運作的！那交易期貨需要注意什麼呢？

小撈：除了風險還是風險，也就是說你必須要做好風險控管，這裡的風險就是所謂的「未實現帳上損失」（paper loss, PL），所有期貨交易賠錢的人就是沒有控管好風險，讓帳上損失不斷擴大，導致被margin call，最後他們會

說一句至理名言：期貨是高風險商品。然而，期貨對我而言卻是沒有任何風險。

兩光：為何期貨對你是沒有任何風險呢？

小撈：風險是指PL偏離了你的預期。基本上，我一天能夠容忍的PL是2萬台幣，超過2萬台幣，當天我就停止交易；你也可以說，我的單日最大虧損就是設定為損失100點；而我對單筆交易的PL設定是7-8點，一超過我就嚴格執行停損，所以我一天最多就是賠2萬台幣。換句話說，虧損對我而言是可以控制的，它是個「已知數」，並非不可預測——虧損超出你的預期才可稱之為風險。我再舉個例子說明一下風險：如果你知道明天會下大雨，那麼這個雨對你而言就不是風險，風險是這個雨下到出乎你預期，把你家一樓給淹了，那這個雨才算是風險。

兩光：說得好，聽你這樣說，我倒也知道什麼是風
　　　險了。但你現在的做法只是控制了風險，並
　　　沒有說明要如何從期貨獲利啊！

小撈：好問題。剛剛我有提到單筆作錯方向7-8
　　　點，我就停損平倉；相反的，我如果方向作
　　　對了，我會加倉放大部位，並嘗試讓獲利點
　　　數大於10點以上再平倉，這樣我的「平均
　　　獲利點數」（average realized gain, ARG）就
　　　會高出「平均虧損點數」（averaged realized
　　　loss, ARL），我就賺錢了。

兩光：有道理。那你可以再詳加說明ARG和ARL
　　　嗎？

小撈：好的。ARG就是我將所有獲利期貨單的「獲
　　　利點數」加起來除以「獲利的期貨口數」；
　　　ARL就是我將所有虧損期貨單的「虧損點
　　　數」加起來除以「虧損的期貨口數」。它的

公式如下：

$$ARG = \frac{\sum 獲利合約的點數}{獲利合約總口數}$$

$$ARL = \frac{\sum 虧損合約的點數}{虧損合約總口數}$$

兩光：我大概知道你的意思了，你的意思是說期貨
　　　要賺錢，首先就是要設定停損的點數，不讓
　　　你的虧損擴大，接下來要讓 ARG ＞ ARL。

小撈：exactly right（完全正確）！我的意思就是這
　　　樣。

兩光：我覺得有一件事情很奇怪，為什麼你沒有提
　　　到勝率和賠率呢？我們一般不是常在說勝
　　　率、賠率嗎？

小撈：這是個好問題。我以下面的例子來做勝率和
賠率的說明。

	賺／賠（口數）	賺／賠（點）	勝率	平均獲利（點）	平均損失（點）
甲	60/40	400/600	60%	400÷60	600÷40
乙	40/60	600/400	40%	600÷40	400÷60

　　假設甲、乙兩人分別交易期貨100口，甲的勝
率是60％，但甲卻賠200點；乙的勝率是40％，但
乙卻賺200點。也就是說，雖然甲的勝率高出乙的
勝率，但是甲在賠錢乙卻在賺錢——甲的ARG
（ARL）點數分別為6.67（15）點，甲的ARG ＜
ARL；乙的ARG（ARL）點數分別為15（6.67）點，
乙的ARG ＞ ARL。因此，並不是勝率高就是獲利
的保證，決定獲利的高低取決於ARG ＞ ARL。

兩光：這樣我明白了，看來你對期貨交易還真有一
套。

小撈：過獎了，因為我已經研究交易期貨超過 10
　　　年了。老兄，你持有那麼多台積電股票，你
　　　有替你的股息來節稅嗎？

兩光：節稅！我是學工程的，因此我對節稅這部分
　　　並不是非常了解。

小撈：老兄，今天跟你吃飯喝酒非常高興，但我老
　　　婆已經在 call 我了，她要我回去幫小朋友刷
　　　牙包尿布，因此，我下次再教你如何為你的
　　　股息節稅。

兩光：非常謝謝，下次我們到漢時葡萄酒會館，我
　　　拿幾款 Grand Cru 出來喝，我們再好好聊聊。

小撈：沒問題，我也拿 2004、2006 年的 Espectacle
　　　出來分享。

兩光：哈哈哈，看來我們要夜宿漢時了。

Part 1

動能交易策略與
速度盤解析

9 million in 90 days 9 million in 90 days 9 million in 90 days
million in 90 days 9 million in 90 days 9 million in 9
9 million in 90 days 9 million in 90 days 9 million
days 9 million in 90 days 9 million in 90 days 9 mi
million in 90 days 9 million in 90 days 9 million in
in 90 days 9 million in 90 days 9 million in 90 days
ays 9 million in 90 days 9 million in 90 days
90 days 9 million in 90 days 9 million in 90 days
n in 90 days 9 million in 90 days 9 million in 90 day
illion in 90 days 9 million in 90 days 9 million in

Chapter 1 當沖交易 ≠ 獲利

　　我之所以成為一個當沖交易者，是因為權證留倉後一夕之間幾十萬歸零。西元 2004 年 3 月 19 日星期五下午的兩顆子彈，讓我押 45 萬元的兩岸直航概念股權證在 3 月 22 日開盤後變得一文不值，令我整整一個月的時間食不知味，並且孤枕難眠。

　　從此我對所有的衍生性金融商品再也不敢留倉了，事後證明我是對的。

　　根據財務文獻，全球主要的專業期貨交易員都是不留倉的，在台灣也只有最大的主力（外資）才有資格留倉（讀者需要認真去思考留倉這個問題），外資之所以能留倉，是因為他們手上有 6 兆台幣的

股票，他們要指數上漲指數就會上漲，要指數下跌指數就會下跌。外資每年至少從期貨選擇權市場撈到百億以上現金，散戶沒有股票可以拉抬指數，豈可留倉？這是我這幾年來交易的心得。

我發現，大部分期貨留倉的交易者都會關注前一晚的美股走勢，若美股走勢與留倉者預期方向相反，留倉者心境一定是忐忑不安的。留倉就是延長交易者的交易時間，在晚上休息時間還要關注美股走勢，這是一件非常辛苦的事情，當沖不留倉則無此煩惱。

當權證的虧損陰影逐漸消散後，我信心滿滿的要從期貨市場開始撈金。筆者是一個財務博士及大學教授，我受過嚴謹的學術訓練，博士論文研究的還是期貨交易行為，我怎麼可能不賺錢呢？

然而現實是殘酷的，我賠錢了，總共賠了6,357點（1點=200元），折合台幣127萬元。我也生病

了，每天拉肚子，家醫科醫生說我得了大腸激躁症，幾年過後還是時好時壞，到現在還是如此，醫生說這個症狀目前並無藥可解。我非常的後悔，想說127萬可以出國幾趟，也可以點1,000客王品牛排，然而這都太遲了。

以下是我的真實交易資料整理，讀者可以仔細研究它，看看我賠錢的原因是不是跟你一樣，你能否從中學到教訓？

我的交易紀錄 （單位：點）

DATE	交易口數	利潤	平均獲利	平均損失	單次最大獲利	單次最大損失	勝率	賠率	最大風險	加碼口數
Day 1	152	869	17	-14	60	-19	83%	17%	-84	12
Day 2	194	-1254	12	-17	28	-32	16%	84%	-217	13
Day 3	166	-808	8	-25	22	-53	64%	36%	-1285	19
Day 4	132	-104	15	-13	35	-23	50%	50%	-99	10
Day 5	146	-330	9	-16	28	-41	54%	46%	-288	12
Day 6	24	10	10	-6	18	-5	50%	50%	-84	2
Day 7	40	25	14	-9	29	-18	42%	58%	-84	2

DATE	交易口數	利潤	平均獲利	平均損失	單次最大獲利	單次最大損失	勝率	賠率	最大風險	加碼口數
Day 8	122	232	10	-13	27	-11	71%	29%	-106	15
Day 9	128	83	14	-21	37	-30	63%	37%	-327	15
Day 10	148	606	14	-9	34	-14	74%	26%	-95	15
Day 11	146	-1266	5	-23	12	-34	25%	75%	-672	23
Day 12	246	-672	10	-21	21	-31	54%	46%	-367	20
Day 13	156	-1766	15	-38	49	-73	29%	71%	-1161	17
Day 14	264	-867	10	-26	40	-67	57%	43%	-135	15
Day 15	348	1564	14	-9	51	-12	78%	22%	-75	10
Day 16	262	-277	6	-15	21	-30	62%	38%	-37	10
Day 17	196	435	13	-11	25	-17	67%	33%	-12	10
Day 18	242	-689	5	-13	12	-32	40%	60%	-44	10
Day 19	82	5	8	-6	20	-8	43%	57%	-30	8
Day 20	150	-479	2	-8	8	-16	40%	60%	-173	15
Day 21	60	-91	6	-9	16	-19	50%	50%	-95	2
Day 22	80	67	9	-6	32	-8	58%	43%	-95	3
Day 23	88	372	12	-15	24	-17	86%	14%	-95	8
Day 24	20	35	5	-4	11	-4	90%	10%	-95	2
Day 25	40	58	9	-12	29	-17	70%	30%	-95	6
Day 26	16	33	4		8		100%	0%	-95	3
Day 27	18	105	12		15		100%	0%	-123	9

DATE	交易口數	利潤	平均獲利	平均損失	單次最大獲利	單次最大損失	勝率	賠率	最大風險	加碼口數
Day 28	24	64	11	-13	20	-11	75%	25%	-11	3
Day 29	60	144	10	-38	20	-35	90%	10%	-42	6
Day 30	118	694	13	-8	34	-5	93%	7%	-230	15
Day 31	126	210	10	-11	16	-38	79%	21%	-255	15
Day 32	98	431	13	-7	26	-28	93%	7%	-105	12
Day 33	128	27	6	-9	14	-11	71%	29%	-72	9
Day 34	120	-1484	7	-30	13	-53	20%	80%	-1005	20
Day 35	354	-537	14	-17	40	-28	50%	50%	-177	20
Day 36	166	435	15	-21	25	-24	76%	24%	-207	20
Day 37	178	-291	9	-14	17	-40	53%	47%	-33	10
Day 38	134	-251	9	-26	20	-49	68%	32%	-165	10
Day 39	132	53	9	-8	22	-22	70%	30%	-24	10
Day 40	162	-154	13	-14	30	-30	51%	49%	-102	10
Day 41	214	-355	5	-10	14	-29	62%	38%	-5	15
Day 42	102	42	4	-7	10	-9	84%	16%	-27	10
Day 43	240	-323	10	-19	21	-32	63%	37%	-330	20
Day 44	142	-318	5	-10	10	-14	41%	59%	-620	20
Day 45	114	149	10	-13	20	-16	67%	33%	-11	5
Day 46	112	596	13	-10	40	-10	93%	7%	-55	10
Day 47	96	-185	8	-15	20	-19	52%	48%	-55	15

DATE	交易口數	利潤	平均獲利	平均損失	單次最大獲利	單次最大損失	勝率	賠率	最大風險	加碼口數
Day 48	58	134	8	-4	14	-4	89%	11%	-55	10
Day 49	120	-122	9	-11	18	-17	54%	46%	-30	10
Day 50	206	-736	7	-17	19	-38	59%	41%	-297	20
Day 51	108	137	5	-8	14	-10	85%	15%	-55	5
Day 52	130	403	17	-13	41	-21	65%	35%	-20	10
Day 53	98	-199	14	-22	32	-34	51%	49%	-252	10
Day 54	138	-132	11	-14	40	-21	48%	52%	-80	10
Day 55	70	93	10	-14	17	-11	71%	29%	-55	15
Day 56	70	158	8	-9	22	-33	83%	17%	-55	6
Day 57	154	-1420	3	-24	7	-54	21%	79%	-490	20
Day 58	56	206	10	-3	25		100%	0%	-55	5
Day 59	108	293	17	-13	31	-28	70%	30%	-8	15
Day 60	98	97	7	-8	21	-18	83%	17%	-55	5
Day 61	60	158	17	-8	24	-12	65%	35%	-55	10
Day 62	102	-279	2	-11	7	-23	50%	50%	-25	7
Day 63	22	-5	2	-4	6	-1	55%	45%	-3	5
Day 64	76	-25	5	-5	12	-9	63%	37%	-27	8
Day 65	66	66	5	-2	12	-2	83%	17%	-36	5
Day 66	128	-149	3	-9	12	-19	63%	38%	-36	10
Day 67	68	137	17	-4	25	-6	56%	44%	-6	12

DATE	交易口數	利潤	平均獲利	平均損失	單次最大獲利	單次最大損失	勝率	賠率	最大風險	加碼口數
Day 68	54	25	5	-4	9	-9	74%	26%	-4	10
Day 69	92	-66	3	-5	8	-8	65%	35%	-6	10
Day 70	52	125	22	-8	34	-7	42%	58%	-15	10
Day 71	84	-58	7	-8	12	-15	62%	38%	-48	10
Day 72	62	71	8	-9	14	-15	77%	23%	-10	5
Day 73	46	-111	7	-8	10	-10	22%	78%	-34	8

註：紅色數字代表賠超過20萬台幣

讀者發現了嗎？在這73個交易日裡，我的平均損失大於平均獲利；最大風險高達1,200多點（折合台幣24萬），第13個交易日一天賠了35萬台幣。

每次一想起一天賠了35萬，我的心跳就加速、手也會發抖，隔天一定拉肚子，唉。我不敢告訴我的太太，因為有80萬是我從第一銀行利用信用貸款借來的，80萬元要還很久的！我的心情極度沮喪懊惱！*

---

* 金色框線處的數據為交易勝率大於60%，但卻大賠超過250點。可見在真實交易中，勝率並不是影響獲利的必要條件。

　　我被市場擊敗了，這段期間我時常四肢無力，繃著一張臉。我的岳父母發現了，透過我太太問我說是否他們倆得罪了我，我說當然不是，是我內心痛苦，我找不到人可以說出我的鬱悶。

　　我休息了好一陣子，靜下心來利用財務的研究方法仔細研究我自己的交易數據，終於，我發現了我交易無法賺錢的原因了。

　　我發現賺（賠）錢最重要的關鍵，在於你能否在交易過程中降低最大風險；創造「平均實現獲利」（ARG）大於「平均實現損失」（ARL）；同時讓勝率大於賠率。這應該是交易者都知道的準則，然而實務上，我卻不是透過這套交易準則去交易，導致我賠了127萬台幣和自己的身體健康。

　　我花了一段時間研究如何從期貨獲利，在無數個徹夜難眠的夜晚裡，我太太一直問我為什麼一直翻來覆去不睡覺，也連帶影響到她的睡眠，這讓我

的兩行熱淚沾濕了枕頭。

有一個晚上，神來看我，祂讓我懂了，我只要把我之前的方法（ARL ＞ ARG）反向操作，也就是讓 ARG ＞ ARL，我就可以獲利了。那一夜我徹夜未眠，枕頭是濕的。

即使知道了正確的交易策略，但我對期貨交易還是心存敬畏，不敢再輕易嘗試交易，經過一陣子的天人交戰後，鐵齒的我終於戰勝了懦弱的我，我心想，神都來幫我了，為什麼我還不敢從跌倒的地方站起來呢？

慢慢地、持續性一次又一次的給自己信心和鼓勵，我終於下定決心要再從期貨市場中站起來，我一直在禱告，祈求神給我信心。

我心虛的拿了我的股票存摺到中國信託質押了100萬出來，我又進入了期貨市場。那幾天我一直

拉肚子……一直拉，我真害怕我得了絕症，還好楊醫師一直給我勇氣，她鐵口直斷說這不是絕症，而是壓力造成的，這才讓我有再站起的勇氣，儘管如此，我也一直睡不著覺，反覆思量著再進入期貨市場交易對嗎？我不敢想像如果我再把這100萬給賠掉會發生什麼事。

Chapter 2　低風險高報酬的交易策略

　　戰果出來了，我的手一直在發抖……發抖。感謝神我賺錢了。在將近1年的交易中我賺了31,195點，折合台幣623萬元，我還清了借來的180萬元，我證明了自己是可以從期貨市場獲利的，我的內心充滿了激動與感激，藉由聆聽命運交響曲，我撫慰了自己曾經受創的心靈（我曾花一段時間在德國與奧地利跟貝多芬坐在同一個地方）。

　　請讀者觀察一下為什麼在第二階段的我會賺錢！因為我的最大風險越來越小、勝率越來越高、而且只要平均獲利大於平均損失（ARG > ARL），當天我一定賺錢。

　　我後期的最大損失都控制在100點內（2萬台幣）。讀者或許已經觀察出期貨交易可以是低風險高報酬、高風險低報酬。

　　期貨交易最忌諱凹單不停損。*如果凹單不停損讓虧損擴大，你就有可能像之前的我一樣，一天賠35萬，很快的你就會賠光100萬元。

　　相反的，如果你試單方向錯誤後就執行停損，然後在獲利後順勢加碼，那麼你的風險就會非常小，利潤會非常大。

＊凹單就是沒有去處理賠錢的期貨部位，讓虧損持續擴大。

Chapter 3 期貨當沖交易策略

> **我的當沖交易策略：**
> ● 試單、走；
> ● 試單、加碼、走

為什麼我在第二階段能夠賺到錢呢？因為我透過交易策略讓期貨交易轉變成低風險高報酬。我的交易策略就是：試單、走；試單、加碼、走。透過這個策略讓我的最大風險越來越小，也讓我的平均獲利大於平均損失（ARG > ARL）。

「試單，走」是指在速度盤發生前，先以小台指試單，只要方向錯了就砍單；砍單的依據是用現

在的指數除以1,000，例如現在是9,000點，因此我每次的最大損失為9點。

「試單、加碼、走」是指當我方向看對了，且在速度盤出現當下用Hotkey一路加碼大台指；相反的，當速度盤消失時（通常發生在交易量迅速增加後且帳上獲利在減少時），我會馬上用Hotkey迅速平倉2/3以上的部位。

你會發現，這種交易策略完全會符合：（1）勝率大於賠率；（2）平均實現獲利大於平均實現損失（ARG＞ARL）；（3）極小化最大風險。（1口大台指＝4口小台指）。

因為我是利用小台指去試單，所以我每次的最大損失是9點，一次砍下來的成本最多是台幣550元，然而只要我方向看對了，大台指卻可以加碼到20至30口，如果獲利也抓10點（請注意：這只是我舉個例子，獲利是市場給的，它給多少，我拿多

少，不預設立場），平均下來一次約可以獲利250多點，折合台幣約5萬元以上。

通常我一天平均有將近2次的加碼機會。我一天即使砍了40次的小台，我的成本也僅約2.2萬台幣；然而，透過大台指的加碼，我平均一天可以淨賺6-7萬台幣（已扣除掉小台指試單的成本）──大賺小賠，完全符合勝率大於賠率、ARG＞ARL、極小化最大風險。

然而，要在什麼價位試單呢？依據我的研究和實務經驗，我建議交易者要在速度盤前試單。依據投資行為理論，速度盤出現前是有軌跡可循的，我把詳細的發生原因寫在我另一本書《寫給16歲兒子的極簡動能投資》中。

在該書中，我會詳細地敘述投資者的投資心理如何影響價格和速度盤。在價格漲會繼續漲、跌會繼續跌的趨勢下，速度盤就是會繼續漲、繼續跌的

中繼位置，也就是期貨價格的試單處。

　　本書的〈第5章〉會詳細列出速度盤出現的型態，讀者如果要了解速度盤產生的相關背景知識，可以參考筆者《寫給16歲兒子的極簡動能投資》一書，或者在www.7trade.com.tw網站上的7trade學院獲得相關資訊。

Chapter 4 正確交易心態與輔助工具

　　若想從期貨市場賺錢，就需要適當的背景知識和工具輔助，但你不需要過度關注權值股的走勢，因為那些都是落後的價格資訊——期貨是價格的領先指標，無法透過「過去的價格」去預測未來。以下是我的經驗分享。

4-1　正確交易心態

1. 以旁觀者心態觀察 tick 跳動

　　在交易時，我會一直提醒自己要以旁觀者心態觀察 tick 跳動所畫出來的圖，時常提醒自己在虧損時要勇敢平倉、在獲利時要勇敢加碼，也就是要避

開投資者時常犯的「處置效果」行為（請見第10章）；虧損時要保持心情平靜，不能和價格賭氣，要堅決的停止交易，不能在怒氣下攤平、加碼下注；相反的，在獲利時不能認為賺錢是理所當然的事，因而過度交易。

2. 正確認知速度盤型態

依據投資行為理論和大量數據分析，速度盤是有跡象可循的，交易者必須要先熟識這些速度盤型態——速度盤是期貨交易唯一讓你賺錢的地方！

3. 使用正確的交易策略

「試單、走；試單、加碼、走」是讓期貨交易轉變成低風險高報酬的動能交易策略。其中，加碼就是當速度盤發生、且你已經獲利時去加碼，請使用Hotkey去加碼。

4-2 輔助工具

1. 輔助線

　　我使用三條輔助線，幫助我進行停損和確定操作策略。在期貨交易中，停損區間為指數除以1,000，並以兩倍停損區間做為區分小、中波動的分水嶺。例如現在的指數為9,000點，因此停損要小於9點，18點內為小波動，大於18點為中波動。

　　小波動區間的操作策略為低買高賣、小量經營（1至2口）；大、中波動的操作策略為追高殺低，並以Hotkey加碼到波段滿足點，通常是速度盤結束，當你在回吐利潤時。

　　我常說，期貨買賣就跟釣魚一樣，小波動就如同在小池塘釣魚，你的面前只有小魚；小魚就用小餌坐著釣即可（意思就是說你就低買高賣，小量進出），在池塘釣魚若開漁船、拿標槍追魚是會船毀

人亡的——這就是說在小波動時，你卻一直用大台指去追價，這會讓你賠到脫褲子的。

同樣的，當你在大海釣魚時，你用池塘釣竿勾小餌也是釣不到魚的，要抓到大魚就必須動用大型船具，以下我以漁夫在大海鏢旗魚為例。

討海人頂著冬季強勁的東北季風與滔天巨浪，追尋著旗魚的蹤跡，他們靠著眼力巡視著四面大海，銳利的眼光望穿旗魚在大海中揚鰭劃過水面的雄姿；這裡所指的旗魚，就是我所說的「速度盤」。在大海中鏢刺旗魚的技術、力道與準度，是鏢旗魚團隊的默契表現。

以上例子在期貨的應用，就是說在大波動時（1）你必須要觀察到速度盤——追尋著旗魚的蹤跡；（2）你必須要去追價——開漁船去追魚；（3）你必須要滿倉——使用大型標槍；如此你才能從期貨賺到大錢——鏢到旗魚。

2. 追價加碼的利器──Hotkey

所謂的 Hotkey，就是將當沖交易的委託買（賣）操作，由傳統的滑鼠鍵改為在鍵盤上自己設定買（賣）的兩個按鍵。其最主要功能，是為了讓交易者能在速度盤來臨時迅速追價，並且將追價的成本壓到最低。

成本能省1點就是1點，不要小看這1點200元台幣，假設你一天交易200口，1口省1點成本，一天就能多賺4萬元。透過熱鍵，我能夠將追價單1口1口成交，不會推升價格。在期貨市場裡當速度盤出現時，1秒大約能成交15至20次左右。

當交易者能夠確實掌握住速度盤型態，有正確的交易心態並使用正確的動能交易策略，則期貨交易獲利可期。但期貨投機交易畢竟不適合股市新手，期貨市場適合老練投資人，我完全不建議投資新手進入期貨市場。

　　我建議投資者先透徹了解速度盤的型態之後，從股票投資開始。因為股票投資節奏較為緩慢，相較於期貨交易的快節奏，投資股票有比較多的時間和機會可以一邊投資一邊學習。

　　我將投資行為理論架構在 AI 智能演算法下，分析了超過10億筆以上的價格資訊，建構了多種多頭和空頭速度盤型態，這些速度盤型態可以經得起嚴謹的學術和實務交易檢驗，現階段我已經完成股價的精確型態，預計在2022年完成期貨當沖交易型態，建議期貨交易者可以參考期貨精確型態再行交易即可。

Chapter 5 圖解速度盤

　　時光飛逝，除了花白的頭髮與日俱增之外，我也對投資心理和其對價格的影響，有更深層次的了解。在分析超過10億筆交易數據後，我已經能精確地量化並透過AI圖形比對出速度盤的型態。

　　依據投資行為理論和AI大數據演算法，我將速度盤型態區分為「上漲速度盤」和「下跌速度盤」，當價格型態出現時，有極高的機率會形成速度盤。

　　有關速度盤形成的理論基礎，請參見《寫給16歲兒子的極簡動能投資》一書。7trade官網提供讀者16種精確速度盤型態，我建議要從事期貨交易

的讀者，在熟悉速度盤的型態，且有能力在速度盤出現時放大交易口數後，再行進場交易。

　　要成為一個能賺錢的期貨交易者，必然要熟悉速度盤的價格型態——在速度盤出現時，要放大交易口數；在速度盤結束後，當你的獲利在遞減時，就要迅速平倉出場。

5-1　8個上漲速度盤型態

1. 指數碎步上漲型態	背景理論和觀察重點
	● 指數呈現碎步上漲型態，是「漲會繼續漲」的基本型態。 ● 碎步上漲不是速度盤，它是緩步上漲但漲不停。 ● 指數呈現碎步上漲的原因，在於投資者對盤中利多消息的反應不足。 ● 在觀察到碎步上漲的趨勢之後，即可進行試單。 ● 「跌深反彈」和「接近前波高點」時的碎步上漲，不宜交易。 　・ 跌深反彈時的碎步上漲，很有可能只是反彈，反彈結束後還是要繼續下跌。 　・ 接近前波高點時的碎步上漲，很有可能會遭遇套牢賣壓傾洩而出，造成價格上下震盪。

2. 指數呈現 N 型上漲型態	背景理論和觀察重點
	● 指數呈現 N 型上漲型態，是「漲會繼續漲」的基本型態。 ● 這種型態是交易者處置效果行為造成的。 ● N 頂前漲幅越大則動能越強，以速度盤越過 N 頂的機率越高。 ● 由於是漲會繼續漲的基本型態，所以多頭部位要續抱，續漲的機率高。 ● 若指數持續以 N 字型態上漲，則指數回檔修正時，可以不用減碼。 ● 當指數持續以 N 字型態上漲時，會令人心煩意躁，此時停止交易是不錯的選擇。
3. 指數呈現上漲、盤整再上漲型態	背景理論和觀察重點
	● 指數呈現上漲、盤整、上漲，是「漲會繼續漲」的基本型態。 ● 這種上漲型態也是交易者處置效果行為造成的。 ● 指數第 2 次高於盤整區間時，可以進行交易。 ● 指數脫離盤整區間的力道是可以量化的，有時候視覺上的價格突破盤整區是一種假突破，有很高的機率會被下方的均線引力拉回。 ● 7trade 官網提供精確量化型態，讀者可以親自體會量化型態和視覺上的型態有何差異。 ● 指數脫離盤整區之後，有很高的機率會形成速度盤。

4. 火箭噴發速度盤型態	背景理論和觀察重點
	● 建議讀者可以上 7trade 網站，親自體會此火箭噴發速度盤型態。 ● 速度盤中的速度盤，有一部分機率會發生在碎步上漲之後。 ● 若火箭噴發速度盤是接續在碎步上漲之後，通常已是漲勢末期（即速度盤結束後），指數再漲空間有限。 ● 若火箭噴發速度盤的價格相對位置在半山腰，則可以視為是在動能生命週期的起點。 ● 若火箭噴發速度盤的價格是位於動能生命週期的起點，則會有很寬廣的上漲空間。 ● 若火箭噴發速度盤的價格相對位置在前波高點附近，則第 2 次突破前波高點價格，才是安全的交易點。 ● 若火箭噴發速度盤的價格相對位置在底部區，此時要視它為跌深反彈，不宜重押。
5. W 底加上 N 型態	背景理論和觀察重點
	● W 底加上 N 型態，這是「漲會繼續漲」的標準型態。 ● N 頂前漲幅越大，動能越強，就越有機會續創新高價。

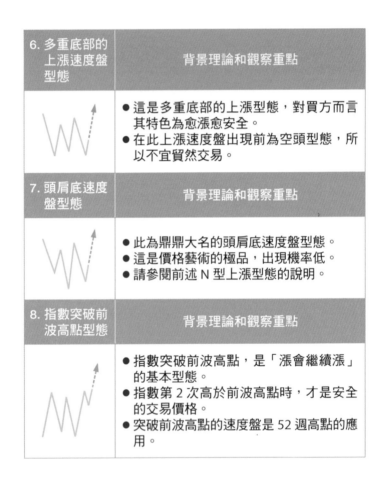

6. 多重底部的上漲速度盤型態	背景理論和觀察重點
	● 這是多重底部的上漲型態，對買方而言其特色為愈漲愈安全。 ● 在此上漲速度盤出現前為空頭型態，所以不宜貿然交易。
7. 頭肩底速度盤型態	背景理論和觀察重點
	● 此為鼎鼎大名的頭肩底速度盤型態。 ● 這是價格藝術的極品，出現機率低。 ● 請參閱前述 N 型上漲型態的說明。
8. 指數突破前波高點型態	背景理論和觀察重點
	● 指數突破前波高點，是「漲會繼續漲」的基本型態。 ● 指數第 2 次高於前波高點時，才是安全的交易價格。 ● 突破前波高點的速度盤是 52 週高點的應用。

一般而言，下跌速度盤會比上漲速度盤來得急速，原因在於，好消息和壞消息的資訊傳遞速度不同──壞消息傳遞速度遠快於好消息；又當投資者

過度反應好消息後會導致強力空頭降臨。通常放空交易者為老練交易者，相較於作多的交易者而言更容易獲取巨額利潤。例如巴柏與歐登（Barber, Lee, Liu & Odean）等人的研究發現在台灣股票市場中，投資者大量放空一些特定股票可以獲得暴利。

　　放空股票能夠致富的原因有三：一是成長公司的業績未能持續成長，造成股價大幅下跌；二是投資人過度反應資訊造成價格反轉；三是內線消息。

5-2　8個下跌速度盤型態

1. 指數呈現碎步下跌型態	背景理論和觀察重點
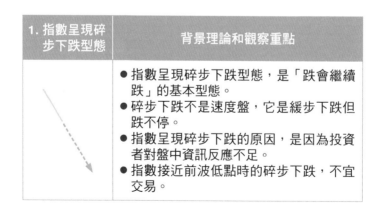	● 指數呈現碎步下跌型態，是「跌會繼續跌」的基本型態。 ● 碎步下跌不是速度盤，它是緩步下跌但跌不停。 ● 指數呈現碎步下跌的原因，是因為投資者對盤中資訊反應不足。 ● 指數接近前波低點時的碎步下跌，不宜交易。

1. 指數呈現碎步下跌型態	背景理論和觀察重點
	● 從盤中高點開始的碎步下跌很有可能只是價格修正，修正結束後還是要繼續上漲。 ● 指數碎步下跌時，新手不宜放空交易，原因是你無法區分價格下跌是空頭降臨或僅是價格修正。
2. 指數呈現 Ⅵ 型下跌型態	背景理論和觀察重點
	● 指數呈現 Ⅵ 型下跌型態，是「跌會繼續跌」的基本型態。 ● 這種型態是交易者處置效果行為造成的。 ● Ⅵ 底前跌幅越大則動能越強，以速度盤跌破 Ⅵ 底的機率越高。 ● 由於是跌會繼續跌的基本型態，所以空頭部位要續抱，續跌機率高。 ● 如果指數持續以 Ⅵ 字型態下跌，則指數反彈修正時，可以不用減碼。 ● 當指數持續以 Ⅵ 字型態下跌時，會令人心煩意躁，此時停止交易是不錯的選擇。

3. 指數呈現下跌、盤整再下跌型態	背景理論和觀察重點
	● 指數呈現下跌、盤整、下跌，是「跌會繼續跌」的基本型態。 ● 這種下跌型態也是交易者處置效果行為造成的。 ● 指數第 2 次低於盤整區間時，可以進行交易。 ● 指數脫離盤整區間的力道是可以量化的，有時候視覺上的價格跌破盤整區是一種假突破，有很高的機率會被上方的均線引力拉回。 ● 7trade 提供精確量化型態，讀者可以親自體會量化型態和視覺上的型態有何差異。 ● 指數脫離盤整區後，有很高的機率形成速度盤。
4. 強力空頭速度盤型態	背景理論和觀察重點
	● 建議讀者可以上 7trade 網站，親自體會強力空頭速度盤型態。 ● 在交易者非理性追價後的價格滑落，通常會接續此強力空頭速度盤。 ● 建議空在盤中的相對高點附近。

5. M 頭加上 ∨ 型態	背景理論和觀察重點
	● M 頭加上 ∨ 型態，這是「跌會繼續跌」的標準型態。 ● ∨ 底前跌幅越大，動能越強，就越有機會續創新低價。
6. 多重頭部的下跌速度盤型態	背景理論和觀察重點
	● 這是多重頭部的下跌型態，其特色為底部不是支撐，而是直接攙破。 ● 在此下跌速度盤型態出現前為多頭型態，所以不宜貿然交易。
7. 頭肩頂速度盤型態	背景理論和觀察重點
	● 價格藝術的極品，多空不宜。 ● 根據筆者的大數據實證發現，頭肩頂型態並非是下跌型態。
8. 指數跌破前波低點型態	背景理論和觀察重點
	● 指數跌破前波低點，是「跌會繼續跌」的基本型態。 ● 指數第 2 次低於前波低點時，才是安全的交易價格。 ● 跌破前波低點的速度盤是 52 週低點的應用。

9. 假突破真拉回型態 (一)	背景理論和觀察重點
	● 假突破真拉回的型態，指數在前波高點附近價格反轉。 ● 此型態的速度盤特色為底部並非支撐，而是直接攬破。
10. 假突破真拉回型態 (二)	背景理論和觀察重點
	● 假突破真拉回的型態之一，指數在 N 型上漲後價格反轉。 ● 此型態的速度盤，對空方而言其特色為越跌越安全。

Chapter 6 價格和交易量的關係

6-1 動能生命週期

　　在期貨交易實務中，我並不太關注成交量的資訊，因為我相信效率市場存在。在效率市場中，價格是所有資訊的集合，所以，價格實已反映交易量的資訊。然而，還是值得分享正確的價格和交易量之間的關係給讀者。

　　2000年，查爾斯與巴斯卡藍（Charles Lee & Bhaskaran Swaminathan）兩人共同在財務學頂級期刊Journal of Finance上發表一篇論文，該篇論文發現，透過個股的交易量週轉率可以預測投資組合後續動能——就上漲動能而言，投資組合週轉率越

低，後續動能愈持續；相反的，投資組合週轉率越高，後續動能愈短。就下跌動能而言，投資組合週轉率越高，後續下跌動能愈持續；相反的，投資組合週轉率越低，後續下跌動能愈短。

該篇論文還提出「動能生命週期」（momentum life cycle, MLC）──動能生命週期區分為「動能初期」（漲會繼續漲、跌會繼續跌）和「動能末期」（價格反轉）。

動能初期為：投資組合前期報酬為正且低週轉率（漲會繼續漲），或投資組合前期報酬為負且高週轉率（跌會繼續跌）；動能末期為：投資組合前期報酬為正且高週轉率（價格反轉，股價下跌），或投資組合前期報酬為負且低週轉率（價格反轉，股價上漲）。

為了方便讀者更清楚掌握動能生命週期，筆者將動能生命週期製作成表6.1。

表6.1　動能生命週期

	前期正報酬	前期負報酬
交易量低週轉率	上漲動能初期	下跌動能末期
交易量高週轉率	上漲動能末期	下跌動能初期

註：動能末期係指價格即將反轉。

　　由此可見，股市諺語「有量就有價」其實只是股價上漲的其中一個現象，價格要長期持續上漲，其實需要低的成交量或低週轉率，如此才不容易在短時間內造成價格反轉。

　　我們在期貨市場交易時就可以印證動能生命週期的正確性，通常指數碎步上漲時是不需要很大的成交量能的，唯有速度盤出現時才會伴隨較高的成交量能：（1）上漲過程中如果持續無量，則指數就會持續碎步上漲；（2）若指數碎步上漲後接續速度盤上漲，通常交易量會相對應增加，速度盤結束後漲勢即進入尾聲；（3）指數在盤中相對高點下跌帶

量，通常是跌勢的開始。

由於價格是包含交易量訊息的資訊集合，所以老練交易者只要觀察價格就可以八九不離十地猜測出相對應的交易量。

一般而言，碎步上漲就是無量上漲型態；速度盤出現時會伴隨交易量增加，當速度盤結束時如果你的獲利沒有進入遞減狀態，可以繼續留倉，等待下一波速度盤降臨。反之，若速度盤結束時你的獲利進入遞減狀態，則要迅速獲利平倉出場。

6-2　上漲動能初期的應用

找出上漲動能初期和下跌動能初期的個股，此為動能生命週期假說的兩個重要應用。

依據動能生命週期假說，上漲動能初期為前季個股報酬為正且交易週轉率低，依據美國股市的實

證數據顯示,股價還會繼續上漲8個季度。

這個上漲動能初期的論點就是「存股」的理論依據,所以存股族就是要找出以低交易量、低週轉率上漲的個股。

要找出可以安心存股又會持續上漲的個股其實不難,請在7trade網站點擊:

然後找出顏值大(等)於15,且平均五日累計週轉率小(等)於3%的個股即可。*根據這個篩選法,2022年1月找出的都是金融類個股,分別為華

＊五日累計週轉率(5-days-turnover, 5DTO)。

南金（2880）、永豐金（2890）、第一金（2892）和
合庫金（5880）等4檔金融股。

　　讀者可以觀察到：會續漲的基本上就是緩慢碎
步上漲的個股，依據動能生命週期假說，這些個股
有機會再續漲幾個季度。

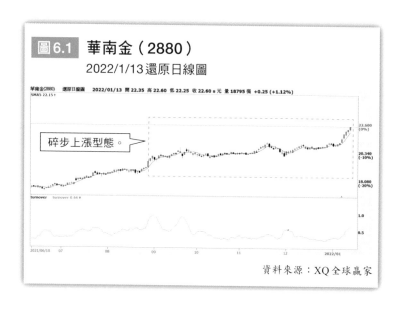

圖6.1　華南金（2880）

2022/1/13還原日線圖

資料來源：XQ全球贏家

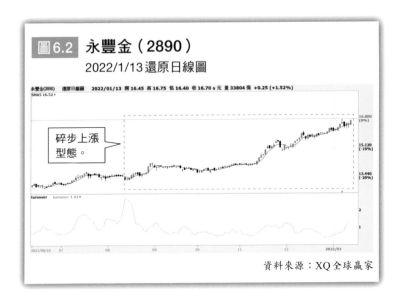

圖6.2 永豐金（2890）
2022/1/13還原日線圖

碎步上漲
型態。

資料來源：XQ全球贏家

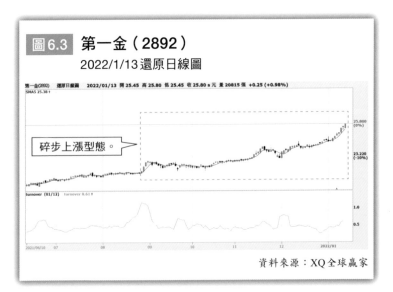

圖6.3 第一金（2892）
2022/1/13還原日線圖

碎步上漲型態。

資料來源：XQ全球贏家

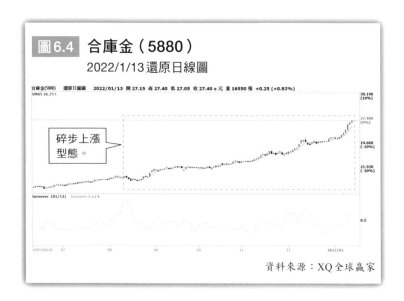

圖6.4　合庫金（5880）

2022/1/13還原日線圖

碎步上漲型態。

資料來源：XQ全球贏家

6-3　下跌動能初期的應用

依據動能生命週期假說，下跌動能初期為個股報酬為負且交易週轉率高，而依據美國股市的實證數據顯示，股價還會繼續下跌 N 個季度，所以投資者要避開這些個股為宜。

要避開會持續下跌的個股其實不難，請在 7trade 網站點擊：

　　然後找出五日累計週轉率高的個股即可。在多頭市場要避開這類型的個股不少，以下僅提供四檔在2022年1月根據這個篩選法選出的個股，分別為希華（2484）、一詮（2486）、笙泉（3122）和迅杰（6243）等4檔個股。

　　讀者可以觀察到：會持續性下跌的股票，基本上就是下跌初期週轉率高的個股，依據動能生命週期假說，這些個股有機會再續跌幾個季度。

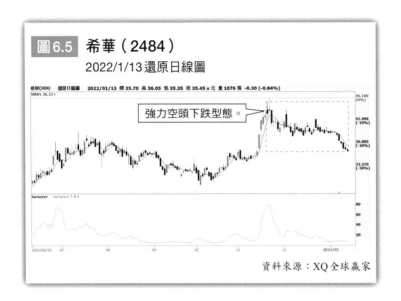

資料來源：XQ全球贏家

資料來源：XQ全球贏家

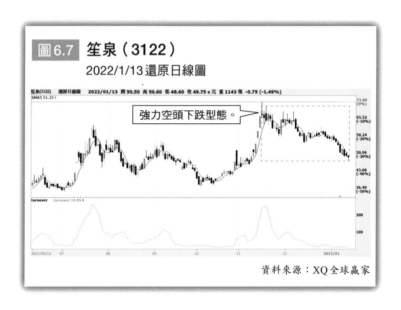

圖6.7 笙泉（3122）
2022/1/13還原日線圖

強力空頭下跌型態。

資料來源：XQ全球贏家

圖6.8 迅杰（6243）
2022/1/13還原日線圖

強力空頭下跌型態。

資料來源：XQ全球贏家

6-4　完美碎步和存股

就投資實務上，股息殖利率反映的是公司過去的營運績效，但股價反映的是公司「未來的獲利」，所以，殖利率高低不應該是投資決策的重要因素。

在效率市場下，除息行情幾乎是不存在的，意思是說參與除息並不會得到較高的報酬，因此，殖利率的高低在理論上不應該是存股的考慮因素，因為整體市場貼息的個股比率其實不低——貼息會導致股價隨著除息而越來越低，導致投資人賺了股息卻賠了股價。

相反的，存股，應該是要「越存，股價越高」，既賺了股息也賺了股價。實務上來說，存股是可以持續獲利，並讓自己心情愉悅的，重點就在於找出「完美碎步上漲」的個股。股價之所以會碎步上漲的原因，就在於投資人對公司的好消息猶半信半疑，造成股價驚驚漲。如果股價要持續數個季度上

漲，它通常會以完美的碎步型態呈現。

本節提供美國、日本和中國股市完美碎步上漲的6檔個股，這些完美碎步上漲的個股才是投資人應該要存股的標的，你可以安心存股並藉由存股讓財富持續增加。*

圖6.9、圖6.10分別為美股的蘋果電腦和MSCI；圖6.11、圖6.12分別為日股的日立和M3；圖6.13、圖6.14分別為中股的貴州茅臺和騰訊。讀者可以觀察到這些以完美碎步上漲的個股，其股價會持續上漲數個季度，因此，完美碎步上漲的個股才應該是你存股的標的，存股不應該以殖利率的高低作為參考依據。

＊美股的存股交易，建議使用永豐金證券的「豐存股」。

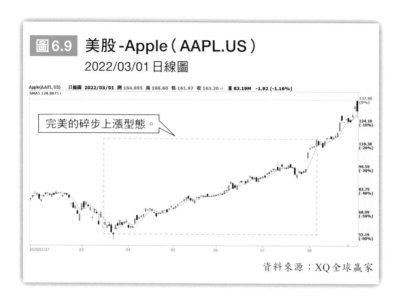

圖6.9　美股 -Apple（AAPL.US）

2022/03/01 日線圖

完美的碎步上漲型態。

資料來源：XQ全球贏家

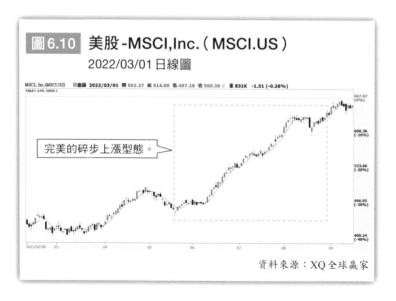

圖6.10　美股 -MSCI,Inc.（MSCI.US）

2022/03/01 日線圖

完美的碎步上漲型態。

資料來源：XQ全球贏家

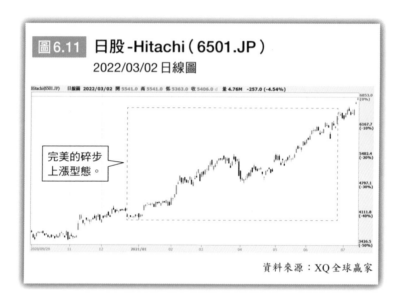

圖6.11 日股-Hitachi（6501.JP）
2022/03/02 日線圖

完美的碎步上漲型態。

資料來源：XQ全球贏家

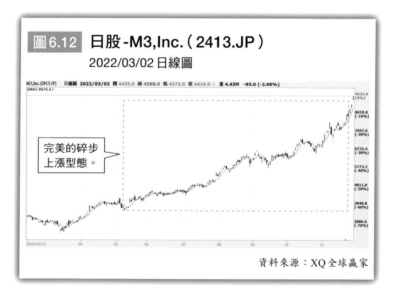

圖6.12 日股-M3,Inc.（2413.JP）
2022/03/02 日線圖

完美的碎步上漲型態。

資料來源：XQ全球贏家

圖 6.13　上證 - 貴州茅臺（600519）

2022/03/02 還原日線圖

完美的碎步上漲型態。

資料來源：XQ 全球贏家

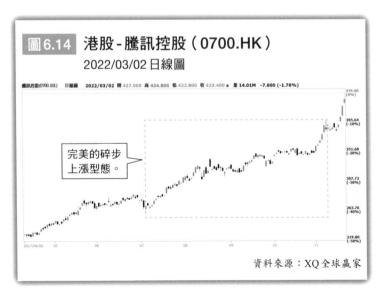

圖 6.14　港股 - 騰訊控股（0700.HK）

2022/03/02 日線圖

完美的碎步
上漲型態。

資料來源：XQ 全球贏家

Chapter 7 交易紀律

　　就期貨交易而言，衡量交易紀律有兩種方式，第一個方式為洛克與曼恩（Locke & Mann）發表於財務頂級期刊Journal of Financial Economics的方法。

　　洛克與曼恩以持有期貨部位的「時間長短」來當作紀律的測度，即持有期貨的時間越短，表示越有交易紀律；而持有期貨的時間越長，表示越沒有交易紀律。他們發現：持有期貨部位時間越短的人，其交易績效會顯著地高於持有期貨部位時間越長的人。

　　然而，讀者們需要了解，洛克與曼恩研究的對

象為芝加哥商品交易所（CME）的期貨自營交易員
（floor trader），他們是不需要支付交易手續費的，
但一般交易者不管是買進或賣出期貨都需要支付手
續費。

　　因此，洛克與曼恩以持有期貨時間的長短來當
作交易紀律的測度，並不能完全符合散戶的真實交
易狀況，因為持有時間越短，表示交易越頻繁，交
易者就必須付出龐大的手續費，造成財富的損失。

　　至於一般普羅大眾認同的交易紀律，是控制交
易者的虧損或嚴格執行停損，不要讓一、兩次的重
大虧損，造成交易者從期貨市場畢業。然而，到目
前為止，並沒有任何的數據可以告訴你：如果不執
行停損，會造成多大的財富損失？筆者剛好有一篇
關於交易紀律的研究可以跟讀者們一起分享。

　　由於每一位交易者所認同的停損點不同，因
此，研究交易紀律的第一個步驟，就是計算出每位

交易者的合理虧損和非理性虧損（也就是沒有執行
停損的損失）。

　　至於研究交易紀律的第二個步驟，則是將「每
一筆非理性的虧損加總」除以「交易期間的全部獲
利」，我稱它為「無紀律虧損比率」（undisciplined
loss ratio, UR），公式為：

$$無紀律虧損比率（UR）= \frac{非理性的虧損加總}{交易期間的獲利加總}$$

　　筆者的研究數據出現了兩個有趣的平均數：老
練期貨交易員的平均 UR 值約為 0.3，而散戶的平均
UR 值則為 2。

　　如何解讀這兩個數字呢？

　　0.3 表示全部的「無紀律虧損加總」只占全部
獲利的 30％，因此交易者最終還是會賺錢；UR 值

為2表示散戶根本沒有停損觀念，一直凹單，無紀律虧損加總竟是全部獲利的2倍，也就是說，散戶賺1塊錢卻賠2塊多，因此散戶們賠慘了。

　　藉由筆者的研究，讀者們可以理解期貨獲利的第一要件就是極小化虧損，莫讓一、兩次的大虧損造成交易信心的崩潰，內心受創並從此被市場淘汰。

Chapter 8 動能投資策略與績效

　　「動能投資策略」（momentum investing strtegy）
是一個學術用語，它其實是指投資人在投資股票時
採取「追高殺低法」。一般而言，投資人經常被告
誡不要採取追高殺低投資法，然而，具有資訊優勢
的投資人（例如外資）卻時常採取追高殺低法並因
此獲得巨額報酬，可見投資大眾非常不了解動能投
資策略或追高殺低法。

　　由於投資大眾對公開資訊的反應時間不同，或
稱之為「對資訊反應不足」，因此股價時常呈現漲
繼續漲、跌繼續跌的現象，也就是所謂的「價格動
能」（price momentum）。

　　當我們發現和知道價格會呈現漲繼續漲、跌繼續跌的現象和原因後，投資人就會理解：在面對價格動能現象時，他需要採取動能投資策略或追高殺低法。通常具有資訊優勢的大型機構投資人，例如外資和共同基金都是採取動能投資策略，也就是一路追價加碼買上去，或是一路砍殺加碼賣出去。

　　讀者可以發現：動能投資策略不需要去猜測股價的低點或高點──追高殺低策略的「追高」，是指投資者的股票買在股價已經漲上來後；而「殺低」是指投資者的股票賣在股價已經跌下去後，所以追高殺低策略賺的是股價持續上漲或持續下跌過程中的價差。筆者提出的交易方法：試單、加碼、走，其實就是動能交易策略。

　　一般而言，散戶大眾會採取所謂的「價值投資法」，也就是「買低賣高」投資法。然而，當股價持續上漲時，散戶根本不敢買進，原因是散戶設定的策略就是要買在低點；但是，當股價持續下跌時

他們卻越買越多，試圖攤低成本（average down），因此越賠越多。

通常，買低賣高法會有一個盲點，原因是投資者永遠都不會預先知道真正的價格低點和高點，散戶會誤認「現在的股價已經非常低了」，因而進場買入，然而在價格動能下，價格還會持續往下跌，因此他們一買就虧損住套房；好不容易等到股價上漲解套了，他們卻急忙的將股票拋售，但在價格動能下，股價卻還會持續往上漲，所以散戶在股價上漲過程中也一定會拋售的過早。

一般而言，外資和法人相較於散戶會具有資訊優勢，例如外資其實是台積電的最大股東，當這些大股東去拜訪台積電時，台積電得派出高階主管向外資報告未來業績展望和獲利狀況，而外資也會依據台積電簡報的資訊加以判讀並撰寫報告給它的客戶，當然散戶是沒有這種待遇的。

　　具有資訊優勢的外資，通常採取動能投資策略或是追高殺低投資法，例如格林布拉特與克洛哈留（Grinblatt & Keloharju）兩位教授發現，在芬蘭的股票市場裡，外資是最老練的投資者，他們會採取動能投資策略並且賺大錢，而散戶多採取價值投資法或買低賣高投資法，其結論是，外資為股票市場最大贏家。

　　安東尼‧理查茲（Anthony Richards）也發現，外資在台灣、印尼、菲律賓、泰國、韓國KOSPI和Kosdaq等六個市場裡採取動能投資策略，而且外資的買賣超會直接影響股價。

　　筆者亦針對外資的期貨交易行為作了一篇論文，發表在2008年9月的財務金融學刊上，該篇論文發現，外資在台灣期貨市場也是採取動能交易策略，並且是台灣期貨市場的最大贏家。

　　又筆者也針對外資在股票和期貨市場的投資行

為作了一個小小的實證分析，我發現，當外資看多台灣股票市場時，他們會在10個交易日前在期貨市場布局多單，待期貨多單布局完畢後再去拉抬權值股；相反的，當外資看空台灣股票市場時，他們會在5個交易日前在期貨市場布局空單，待期貨空單布局完畢後再去砍殺權值股。所以外資每年都能從期貨市場裡撈到巨額利潤，讀者去Google一下就知道了，外資的獲利都是用百億台幣作單位的。

為了讓讀者認知「加碼」的重要性，以下提供一個範例讓讀者更易理解。

有A、B兩位交易者，A的交易策略為「買低賣高」，所以價格漲上去後不敢加碼；B的交易策略為「追高殺低」，所以價格漲上去後會持續加碼。A是一位神人，每次都可以完全抓住波段漲幅；B只能在價格漲上去後才做交易，假設B賺的價差只有A的一半。

　　假設現在有一個100點的漲幅完全被Ａ掌握到了，Ａ買進10口期貨，所以Ａ賺了1,000點；Ｂ也一樣在初期買進10口合約並賺了50點價差，但如果Ｂ在上漲過程中加碼超過10口，則Ｂ的獲利極有可能超過1,000點。也就是說，Ｂ即使只賺到漲幅的一半，但透過加碼，他還是有機會贏過Ａ。

　　本章解釋了動能交易策略和價值投資策略，通常具有資訊優勢的法人會採取動能投資策略，而散戶會採取價值投資策略。一般而言，財務的實證研究都發現：動能投資策略的績效會優於價值投資策略的績效，而且動能投資策略不需要去臆測股價的高低點，在股價一路上漲或一路下跌過程中，投資者不論是追高或殺低都可以獲得正報酬，所以本書的讀者就放膽的和筆者一樣使用動能投資策略吧（追高殺低法）！

　　本書1至8章著重於動能交易策略和速度盤解析，透過精確的速度盤型態可以大幅度的提升獲利

機率，降低過度交易頻率；透過速度盤中加碼，則
可以大幅度的增加獲利。

　　第9至12章則著重於交易者的行為偏誤，詳細
的列出交易者易犯的幾個錯誤交易行為，期貨交易
者在進行期貨交易時要儘量避開這些錯誤的交易行
為；第三部份則提供股價速度盤圖例，讓投資者在
熟悉速度盤形態下大幅度提高獲利機會；第四部份
則是7trade投資實務教學，讓讀者無縫接軌速度盤
投資。

Part 2

交易者的行為偏誤

9 million in 90 days 9 million in 90 days 9 million in 90 da
million in 90 days 9 million in 90 days 9 million in 9
9 million in 90 days 9 million in 90 days 9 milli
days 9 million in 90 days 9 million in 90 days 9 m
million in 90 days 9 million in 90 days 9 million in
in 90 days 9 million in 90 days 9 million in 90 days
ays 9 million in 90 days 9 million in 90 days
90 days 9 million in 90 days 9 million in 90 days
on in 90 days 9 million in 90 days 9 million in 90 da

Chapter 9 損失迴避

「損失迴避」（Loss Aversion, LA）的字面意義，是說人類厭惡損失，因此會希望把那些賠掉的錢凹回來。換句話說，人類面對虧損時所帶來的痛苦會大於賺錢時所帶來的快樂。

依據全球的調查發現，人類的損失迴避程度為：賠一塊錢的痛苦是賺一塊錢快樂的 1.5 至 2 倍。例如，你早上買刮刮樂並刮中了 3,000 元彩金，你會很快樂；然而，下午你因闖紅燈被警察開了一張 2,700 元的罰單，我相信你一定會非常的懊惱——被罰 2,700 元的痛苦一定會遠大於刮中 3,000 元所帶來的快樂。要彌補 2,700 元的損失，大約要刮中 4,000 至 5,400 元的彩金才行。

　　讀者發現了嗎？即使在財富沒有損失的情況下，人類卻會非常在意被罰的2,700元。這就是所謂的「損失迴避」。

　　有趣的是，損失迴避並非是人類獨有的天性，陳、拉克希米納亞南與桑托斯（Chen, Lakshminarayan & Santos）等三位教授發現，靈長類動物也有損失迴避的傾向，他們的文章發表在經濟學頂尖期刊Journal of Political Economics上，其結論是損失迴避是物種的天性。

　　靈長類動物有損失迴避的傾向，最早是由戰國時代的莊子所發現，請參見《莊子・齊物論》中「朝三暮四」的寓言。該故事為一養猴人家，早上習慣給猴子四根香蕉、傍晚再給三根香蕉；之後則更改為早上給猴子三根香蕉、傍晚再給四根香蕉——猴子一天食用香蕉的數量不變，但猴子卻非常的生氣。

子會對餵食數量改變而生氣了，因為早上少了一根香蕉，對猴子造成的損失痛苦必須要「多出兩根香蕉」才能彌補，但下午只多出一根香蕉，就猴子的觀點而言，牠是損失的。

在損失迴避天性的制約之下，人類對「賠錢」這件事會非常在意並為之痛苦，所以會希望快點將賠的錢賺回來，所以會加大、加快下注籌碼，這就是俗稱的「賭輸博大」。

然而，在損失迴避心態下所做的投資決策通常會導致更大的虧損，所以投資人在投資虧損中最好要盡快離開賭桌，讓自己冷靜下來，避免做出錯誤的決策。

科瓦爾與沙姆韋（Coval & Shumway）兩人研究芝加哥期貨交易所（CBOT）自營交易者的交易行為，他們發現這些專職當沖交易者如果在上午盤有虧損，則會在下午盤更積極地交易，希望把上午

的虧損給賺回來。然而，那些下午盤的交易經常會
遭遇價格反轉，因而讓績效更糟。

　　相反的，自營交易者如果在上午盤有獲利，則
其下午盤通常會採取守勢交易，嘗試將上午盤的獲
利守下來。這篇論文發表於財務學頂級期刊Journal
of Finance上。

　　損失迴避是人類的天性，係指人類在面臨虧損
時會很痛苦，因此想要快快地將賠掉的錢賺回來，
然而，就是因為急著想要把錢賺回來，所以投資決
策通常會有欠思量；也因為急著想要把錢賺回來，
所以會加大下注籌碼。

　　受到損失迴避天性的制約，投資者在賠錢狀態
下，其投資決策會轉換成類似在情緒下所做的決
策，因此會讓自己的虧損擴大，投資人務必要謹慎
地避開這種情緒性的投資行為。

Chapter 10 處置效果

投資人最常見的投資行為偏誤，就是不願意賣出虧損的股票，但卻早早地賣出正在獲利中的股票。投資人會繼續持有虧損的股票，是因為賣出後就會造成「實現損失」，而這會造成他們內心的痛苦，因此有60％以上的投資人會選擇繼續持有那些套牢的股票，希望價格能夠漲回來。

相反的，繼續持有獲利的股票時也一定要承受價格震盪帶給投資人的心情波動緊張，為避免心情過度的波動緊張，所以投資人會快快地將獲利的股票賣出，入袋為安。

這種常見的投資行為偏誤，其主因還是損失迴

避天性造成的。由於人類面對虧損時所帶來的痛苦最大，且會高於價格波動造成的心情波動緊張，所以在投資虧損時根本不會在意價格波動；然而，由於獲利帶給投資人的效用僅是虧損痛苦的50％至67％，且會低於心情波動緊張所帶來的副作用，所以在投資獲利時會關注價格波動，一旦心情波動緊張時就會賣出獲利的股票。

這種投資人最常見的投資行為偏誤，一般而言是造成投資績效不佳的主要原因，其理由如下：在價格動能下，股價漲會繼續漲、跌會繼續跌，所以投資人如果太早賣出正在上漲的個股，則後續的股價上漲就和投資者無關了；相反的，如果投資者繼續持有正在下跌的個股，在後續的股價下跌中，投資人就會越賠越多。

這種投資行為偏誤會造成投資人的平均虧損大於平均獲利，導致整體投資績效為負。

　　學術上，我們把這種賺錢後馬上賣出部位、賠錢後卻繼續持有部位的投資行為稱之為「處置效果」（Disposition Effect），處置效果係指投資者在面對賺錢和賠錢兩種狀態下，擁有不同的風險態度。

　　人類在面對賺錢和賠錢兩種狀態下有不同的風險態度選擇，這個論點源自「展望理論」（prospect theory）的 S-shape 構面，展望理論係由康納曼與特沃斯基（Kahneman & Tversky）在 1979 年提出，其中康納曼在 2002 年榮獲諾貝爾經濟學獎。

　　投資人在面對賠錢的狀態下，他們會選擇「追求風險」（risk-seeking），繼續持有虧損中的股票部位；然而，投資人在面對獲利狀態下，他們會選擇「迴避風險」（risk-averse），也就是將賺錢的股票部位賣出。

　　所以，投資人在追求投資獲利時一定要避開處置效果這種錯誤的投資偏誤，要採取所謂的「反處

置效果」行為——即投資賺錢時不可隨便拔檔，還
要加碼放大投資部位；但遭遇虧損時則要果斷地執
行停損，如果能確實執行反處置效果策略，則獲利
可期。

Chapter 11 賭徒下注行為

「自由人」在他的書《台指當沖交易秘訣》中，第132頁提到一句話：「我在市場上發現一個很奇怪的現象，其實大多數交易者內心所渴望的竟是賠錢……」這也是另一個交易者常犯的行為偏誤。

這種交易行為稱為「賭徒下注行為」（House Money Behavior），賭徒下注行為理論首先由塞勒與詹森（Thaler & Johnson）在1990年提出，意指賭客在賭桌贏錢後，會在後續的牌局中加碼下注；相反的，如果賭客在賭桌輸錢後，則會在後續的牌局中減碼下注。

理察·塞勒是行為經濟學大師，他在2017年

榮獲諾貝爾經濟學獎。塞勒指出，賭徒下注行為是
源自於人類的「損失迴避心態」和「心理帳戶」
（mental accounts）。

　　所謂的「心理帳戶」，是說人類會在大腦裡，
按照金錢取得的難易度開出許多帳戶，並將金錢分
別置放到它們歸屬的帳戶去。

　　例如，人們認為工作賺來的錢是血汗錢，因此
在花用這帳戶的錢去買菜時，一定是錙銖計較、連
買根蔥都要精算；買樂透彩中的獎金是容易的錢，
因此拿這筆錢消費、享受服務時，人們還會大方的
給小費。可是，錢就是錢，不管是你辛苦工作賺的
或是買樂透賺的，它都是你的錢，基本上花錢的態
度應該是一致的，之所以會有這種不一致的心態，
就是心理帳戶所造成的。

　　接下來，我將以「賭徒下注行為」來解釋：為
什麼多數交易者的心中竟是「渴望賠錢」？

相較於輸錢的賭客，為什麼那些贏錢的賭客會下注愈多的籌碼呢？原因有二，其一是心理帳戶作用；另一個原因則是損失迴避天性。

在心理帳戶作用下，賭客會認為這些贏來的錢是「easy money」，可以隨便花用，因此賭客會放大籌碼給它賭下去。由於賭場的獲勝機率會比賭客高，所以賭客的「賭徒下注行為」會把賺來的錢吐回去給賭場。

至於損失迴避天性會如何影響賭客加碼下注呢？再回到賭客已經在賭桌上贏了一些籌碼的情景。這些贏來的籌碼對贏錢的賭客而言，可以當作下一回合面對賠錢痛苦的緩衝，也就是「現階段賠錢比較不會感到心痛」，所以賭客當然敢加碼下注。

當賭客把贏來的錢逐漸吐還給賭場之後，便會觸發賭客的損失迴避天性，賭客的內心會開始焦慮，他會渴望「把輸掉的錢再賺回來」，此時，損

失迴避會誘發賭客的不安情緒，造成賭客情緒性下注的行為，直到他們把身上的籌碼全部賠光為止，然後不得不拖著疲憊的身軀回飯店睡覺。

賭客當然是睡不著覺的，因為他正在懺悔剛剛贏錢的時候沒有「停止交易」，把錢拿回家享受。與此同時，賭客告訴自己：明天要再回去賭場，把輸掉的錢贏回來。

相同的情景，也會發生在股票和期貨市場──投資者在獲利時，很容易會擴大自己的部位風險，因為投資者會認為「前期賺到的錢」足以應付現階段擴大部位的風險，例如把投資決策的時間縮短（頻繁交易），或者用融資買進股票、擴大自己的部位風險。讀者在掌握賭徒下注行為之後，當你發現前波賺的錢正慢慢地吐回去市場的時候，建議要立即停止交易，把賺到的錢留下來享用，而不是再把錢奉送回市場。

Chapter 12 過度自信

　　人類最容易出現的行為偏誤，就是「過度自信」。過度自信是指有「優於平均數」（better than the average）的想法，或是高估自己能力的心態。

　　根據一項跨國汽車駕駛技術的調查，有超過85％的駕駛人認為自己的駕車技術優於平均，這就是一種駕駛人的過度自信，因為實際上只有50％駕駛人的技術會優於平均數，也就是說，至少有35％的駕駛人擁有過度自信的傾向。

　　根據行為財務學的研究顯示，過度交易普遍是由過度自信造成的──過度交易會導致交易佣金的增加，因而導致整體投資績效的下降。因此，若想

要提升投資績效，就要避免交易過程中的過度交易。

那麼，投資人的過度自信究竟是如何形成的？過度自信對市場又會產生什麼影響呢？

賈維斯與歐登（Gervais & Odean）兩位學者認為，投資人的自信心會隨著前幾次的投資有賺到錢而增加——他們會認為是自己「買對股票」而賺錢，因而增加了自信心。

然而，股價上漲的真正原因，是大盤上漲而拉升了個股的股價（這裡指的是個股 ß 值），而不是投資人的選股能力好。大多數的投資人都沒有認清這一點，反而因為賺了錢，高估了自己的能力——在多頭市場裡，大部分的股票都會上漲，因此「隨便買，隨便賺」，令投資人誤認賺錢是因為自己選股能力好。所以在多頭市場裡，我們可以發現很多高估自己選股能力的過度自信投資人，同時也存在過度的交易量。

　　巴柏與歐登（Barber & Odean）進一步探討過度自信（過度交易）對市場造成的影響。他們發現：過度自信會使交易變得更頻繁，這是因為投資人會很快地賣出「正在賺錢」的股票，轉手再買進其它個股，然而，那些先前賣出的股票，其後續報酬率往往會高於那些新買進個股的報酬率──過度交易會導致投資人賣出高報酬的個股，轉而買進低報酬的個股。此外，過度交易還會伴隨著可觀的手續費成本。

　　過度自信的投資人除了會頻繁換股外，由於高估自己的投資能力，他們還經常會買進高風險（高ß值）的個股，例如股本小、價格大幅波動的股票。因此，過度自信很容易增加投資人的風險，並導致市場價格快速波動，尤其在多頭市場更是如此，讀者務必謹記過度自信的後果，才不會讓自己的財富因過度交易而縮水。

　　雖說目前學術界普遍認為，過度自信會導致過

度交易，然而筆者發現，「自信不足」也會造成過
度交易。

原因在於，自信心不足的投資人缺乏堅定的投
資信念，容易聽信他人的意見去做投資，基本上，
會參加股友社的投資人普遍都存在自信心不足的問
題，但他們仍會頻繁地進出股市、造成過度交易，
不但每季要為此付出龐大的會費，投資績效也令人
擔憂。

筆者誠懇的建議，如果你缺乏經得起檢驗的投
資策略和信念，那麼在做好功課之前，最好盡可能
地遠離市場，避免賠了銀子和身體健康。

這裡順便再介紹巴柏與歐登所寫的一篇很有趣
的論文，名稱為〈男孩就是男孩：性別、過度自信
和股市投資〉（*Boys will be boys: gender,
overconfidence, and common stock investment*）。

　　這篇論文發現：男性的投資組合週轉率會高於女性，而未婚男性的投資組合週轉率又比已婚男性還高，因此男性的投資報酬率普遍低於女性。

　　由於「週轉率」是衡量過度交易的一種測度，投資組合的週轉率高，代表過度交易的程度高，也就是說，男性的過度自信程度會高於女性——男性比女性更容易過度交易，因此男性的投資績效往往會劣於女性。

　　透過這篇論文的介紹，筆者建議男性投資朋友，不要因為投資有賺到錢就高估自己的投資能力，因為你很可能正掉進過度自信的陷阱之中。

Chapter 13 心情愉悅和投資績效

　　當沖交易要賺到錢，筆者認為，前提是你每一天都要保持愉悅的心情。心情是如何影響人類的投資績效呢？這要分別從心理學和財務學談起。

　　根據心理學的實驗，陽光會讓人類有好心情，並且會讓人類對未來前景感到相對樂觀；陰雨天則容易讓人類覺得沮喪，並且會讓人類對未來前景感到相對悲觀。

　　赫舒拉發與沙姆韋（Hirshleifer & Shumway）兩位財務學家，曾研究陽光與全球二十六個股票市場報酬率之間的關係。他們首先按照陽光的多寡，將天氣區分成9個等級，分別從陽光普照到狂風暴

雨，他們發現：陽光的多寡會顯著地影響股價指數的報酬率。平均而言，在全球二十六個股票市場中，艷陽天的股票年報酬率，會高出惡劣天氣的年報酬率達24.6％。

實證發現：在雪梨的股票市場裡，艷陽天與惡劣天氣的年報酬差異高達33％、倫敦股票市場好壞天氣的年報酬差異為22.1％、紐約股票市場的差異為15％、哥本哈根股票市場的差異則為4.1％。其中，哥本哈根股票市場的年報酬率差異最小，推論其原因可能是由於哥市接近北極圈，該地氣候見不到陽光的日子，相較於其他都市更多、更長，也就是哥市沒有四季分明，氣候偏陰雨所致。

除了心情指數會影響投資績效外，「負面情緒」也會影響投資績效。心理學家發現，在熱愛足球的國家中，若該國的足球代表隊在歐洲冠軍盃或世界盃的比賽裡敗北，會導致該國的心臟病患者增加、犯罪率提升和自殺人數增加。

　　艾德曼、賈西亞與諾里（Edmans, Garcia and Norli）曾探討足球比賽結束後，球迷的負面情緒與股票市場報酬率之間的關係。他們發現：每當國家足球代表隊在歐洲冠軍盃被淘汰後，隔天該國的股票市場平均而言會下跌0.38％；若國家代表隊在世界盃被淘汰，則下跌幅度還會擴大到-0.49％。此外，傳統的足球強隊輸球後，該國股市下跌的幅度還會更大。

　　透過心理學與財務學的研究，筆者認為當沖要賺錢的先決條件之一，就是讓自己心情保持愉悅，而讓自己心情愉悅的先決條件，就是「前一個交易日有賺錢」！

　　此外，在交易過程中，要避免讓自己置身於負面情緒中，因為負面情緒很容易讓你賠錢，假如你在交易過程中出現負面情緒，此時最好的策略就是「停止交易」。

Part 3

速度盤實戰範例

on in 90 days 9 million in 90 days 9 million in 90 da

million in 90 days 9 million in 90 days 9 million in

s 9 million in 90 days 9 million in 90 days 9 millio

days 9 million in 90 days 9 million in 90 days 9 m

million in 90 days 9 million in 90 days 9 million in

in 90 days 9 million in 90 days 9 million in 90 day

ays 9 million in 90 days 9 million in 90 days

90 days 9 million in 90 days 9 million in 90 days

on in 90 days 9 million in 90 days 9 million in 90 da

Chapter 14	短線與波段心法1： 上漲速度盤實例

透過智能演算法，7trade網站（https://www.7trade.com.tw）的價格型態比對已經達到100％精確。

請注意：100％是指精確價格圖形比對，而不是100％抓出速度盤，但依據投資行為理論和大數據演算法，這些速度盤型態已經算是非常精準了，它們經得起嚴謹的學術和實務操作檢驗，這些速度盤型態也是筆者每日交易的重要參考依據。

以下筆者將提供八大上漲速度盤型態的真實範例，每個型態會提供4張股價K線圖給讀者對照。（頭肩底型態例外，因為這種型態是價格藝術的極

品，出現機率非常低。）

　　K線圖上的十字線為速度盤參考點，真實的股價K線圖可以讓交易者更加容易了解速度盤型態，速度盤是真實可以透過精確價格圖形比對抓出來，它已經被7trade視覺化了，有興趣的讀者可以透過本書贈送的300點數進入7trade網站真實感受一下這些速度盤型態。

　　讀者還記得投資獲利的四大要素嗎？這四大要素分別為：

　　1. 熟悉速度盤型態。
　　2. 使用動能投資策略。
　　3. 避開各種投資偏誤。

　　如果能確實掌握這三大要素，投資獲利是可以期待的。

上漲速度盤Key Points

> 1. 指數碎步上漲型態→採用選股操作
>
> ● 點擊區間漲幅鍵，找出漲幅＞10％的個股。
> ● 選擇顏值≧8的個股。
>
> 資料來源：7trade

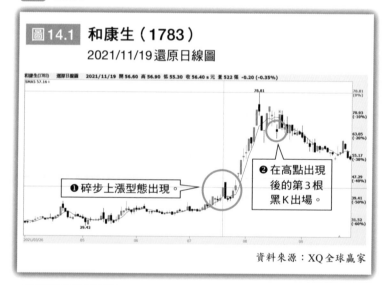 案例1

圖14.1 **和康生（1783）**
2021/11/19還原日線圖

❶碎步上漲型態出現。

❷在高點出現後的第3根黑K出場。

資料來源：XQ全球贏家

💡 **實戰 Tips**

❶：碎步上漲型態在十字線的紅K棒位置被偵測到，之後股價持續性上漲。

❷：股價在高點後的第3根黑K要出清持股，因為符合強力空頭型態。

📈 案例 2

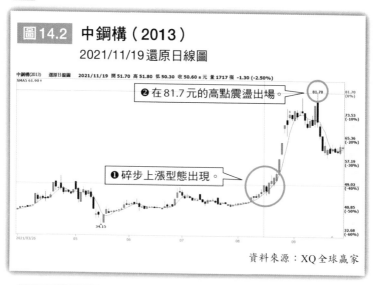

圖14.2 **中鋼構（2013）**
2021/11/19 還原日線圖

資料來源：XQ 全球贏家

💡 **實戰 Tips**

❶：碎步上漲型態在十字線的紅 K 棒位置被偵測到，之後
股價持續性上漲。

❷：在股價最高 81.7 元當日下午 1:29 時出清持股，因為股
價大幅波動，符合部位出清條件。

📈 案例3

圖14.3 菱生（2369）
2021/11/19還原日線圖

資料來源：XQ全球贏家

💡 實戰 Tips

❶：碎步上漲型態在十字線的紅K棒位置被偵測到，之後
　　股價持續性上漲。

❷：股價在高點後的第3根黑K要出清，因為符合強力空
　　頭型態。

📈 案例 4

圖 14.4 創惟（6104）
2021/11/19 還原日線圖

資料來源：XQ 全球贏家

💡 實戰 Tips

❶：碎步上漲型態在十字線的紅 K 棒位置被偵測到，之後
　　股價持續性上漲。

❷：股價在 8 月高點後的第 3 根黑 K 要出清，因為符合強
　　力空頭型態。

📈 上漲速度盤 Key Points

2. 指數呈現N型上漲型態→採用選股操作

● N頂前上漲動能越強，續漲動能越強。
● 多頭部位續抱，續漲機率高。

資料來源：7trade

📈 案例1

圖14.5 **中化生（1762）**
2021/11/19還原日線圖

中化生(1762) 還原日線圖 2021/11/19 開 62.90 高 63.50 低 62.00 收 62.10 s 元 量 544 漲 -1.00 (-1.58%)
SMA5 80.00 +

❷ 在86.8元的高點震盪出場。

❶ N型上漲型態出現。

86.80
(0%)

78.12
(-10%)

69.44
(-20%)

60.76
(-30%)

56.33

2021/03/29   05   06   07   08   09

資料來源：XQ全球贏家

💡 實戰 Tips

❶：N型上漲型態在十字線的紅K棒位置被偵測到，之後股價持續上漲。

❷：在股價最高86.8元當日下午1:29時出清持股，因為股價大幅波動，符合部位出清條件。

📈 案例2

圖14.6　景碩（3189）

2021/11/19還原日線圖

景碩(3189)　還原日線圖　2021/11/19 開 239.00 高 241.00 低 234.50 收 235.00 s 元 量 6042 張 -1.50 (-0.63%)
SMA5 201.80 ↓

❶ N型上漲型態出現。

❷ 在高點出現後的第3根黑K出場。

資料來源：XQ全球贏家

💡 實戰 Tips

❶：N型上漲型態在十字線的紅K棒位置被偵測到，之後伴隨著火箭噴發上漲。

❷：股價在7月和9月高點後的第3根黑K要出清，因為符合強力空頭型態。

📈 **案例3**

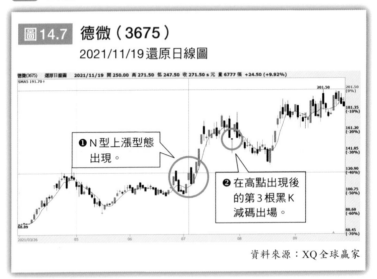

圖14.7 **德微（3675）**
2021/11/19還原日線圖

德微(3675) 還原日線圖 2021/11/19 開 250.00 高 271.50 低 247.50 收 271.50 s 元 量 6777 張 +24.50 (+9.92%)
SMA5 191.70↑

❶ N型上漲型態
出現。

❷ 在高點出現後
的第3根黑K
減碼出場。

資料來源：XQ全球贏家

💡 **實戰 Tips**

❶：N型上漲型態在十字線的紅K棒位置被偵測到，之後
股價持續上漲。

❷：股價在7月高點後的第3根黑K就要持續性的減碼到
部位出清。

📈 案例4

圖14.8 明基材（8215）
2021/11/19還原日線圖

❶N型上漲
型態出現。

❷符合股價大
幅波動條件
時出場。

資料來源：XQ全球贏家

💡 實戰 Tips

❶：N型上漲型態在十字線的紅K棒位置被偵測到，之後
股價持續上漲。

❷：在圓圈標示處當日下午1:29時出清持股，因為股價大
幅波動，符合部位出清條件。

上漲速度盤Key Points

> 3. 指數呈現上漲、盤整再上漲型態→採用選股操作
>
> ● 除了不宜投資區外皆可買入。
> ● 投資於第2次出現的個股。
>
> 資料來源：7trade

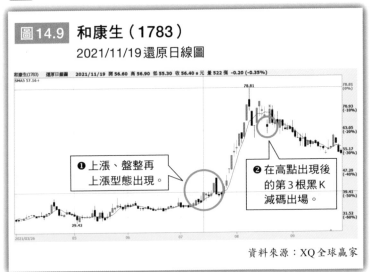 **案例1**

圖14.9 **和康生（1783）**
2021/11/19還原日線圖

● 上漲、盤整再上漲型態出現。

❷ 在高點出現後的第3根黑K減碼出場。

資料來源：XQ全球贏家

💡 **實戰 Tips**

● ：盤整後上漲型態在十字線的紅K棒位置被偵測到，之後股價持續上漲。
❷ ：股價在8月高點後的第3根黑K就要持續性的減碼到部位出清。

案例 2

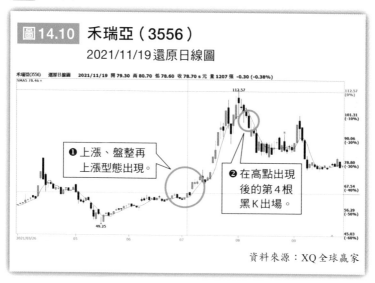

圖14.10　禾瑞亞（3556）

2021/11/19 還原日線圖

❶ 上漲、盤整再上漲型態出現。

❷ 在高點出現後的第 4 根黑 K 出場。

資料來源：XQ 全球贏家

實戰 Tips

❶：盤整後上漲型態在十字線的紅 K 棒位置被偵測到，之後股價持續上漲。

❷：股價在 8 月高點後的第 4 根黑 K 就要出清部位，因為符合強力空頭型態。

案例3

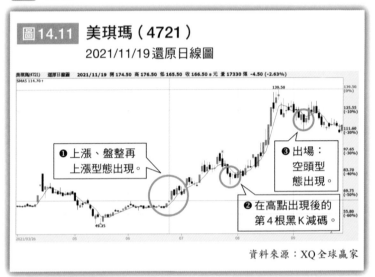

圖 14.11 美琪瑪（4721）
2021/11/19 還原日線圖

❶上漲、盤整再上漲型態出現。

❸出場：空頭型態出現。

❷在高點出現後的第4根黑K減碼。

資料來源：XQ全球贏家

💡 實戰 Tips

❶：盤整後上漲型態在十字線的紅K棒位置被偵測到，之後股價持續上漲。

❷：股價在7月高點後的第4根黑K就要減碼。

❸：8月高點後的第3根黑K就要出清部位，因為符合強力空頭型態。

案例 4

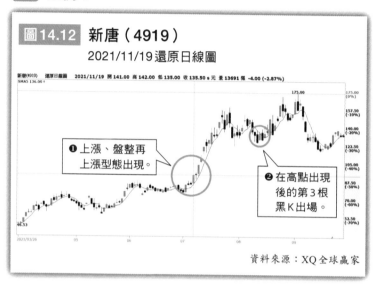

圖14.12　新唐（4919）

2021/11/19 還原日線圖

❶上漲、盤整再上漲型態出現。

❷在高點出現後的第3根黑K出場。

資料來源：XQ全球贏家

實戰 Tips

❶：盤整後上漲型態在十字線的紅K棒位置被偵測到，之後股價持續上漲。

❷：股價在8月高點後的第3根黑K就要出清部位，因為符合強力空頭型態。

📈 上漲速度盤 Key Points

4. 火箭噴發速度盤型態→採用選股操作

● 排除不宜投資區的買進。
● 股價持續飆漲後不宜進場追價。

資料來源：7trade

📈 案例1

圖 14.13 冠德（2520）
2021/11/19 還原日線圖

❶ 碎步上漲型態出現。

❷ 在高點出現後的第7根黑K減碼。

資料來源：XQ 全球贏家

💡 實戰 Tips

❶：碎步上漲型態在十字線的紅K棒位置被偵測到，之後股價持續上漲。

❷：股價在9月高點出現後的第7根黑K就要持續性減碼，直到部位出清。

案例2

圖14.14　台新金（2887）
2021/11/19還原日線圖

❷高點出現。

❶碎步上漲型態出現。

資料來源：XQ全球贏家

實戰 Tips

❶：碎步上漲型態在十字線的紅K棒位置被偵測到，之後
　　股價持續上漲。

❷：高點18.8元在九月出現，就本K線圖而言尚未出現減
　　碼點。

📈 案例3

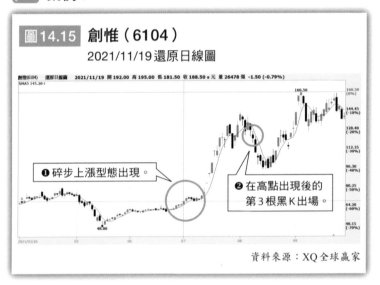

資料來源：XQ全球贏家

💡 **實戰 Tips**

❶：碎步上漲型態在十字線的紅K棒位置被偵測到，之後
　　股價持續上漲。

❷：股價在8月高點後的第3根黑K就要出清部位，因為
　　符合強力空頭型態。

案例4

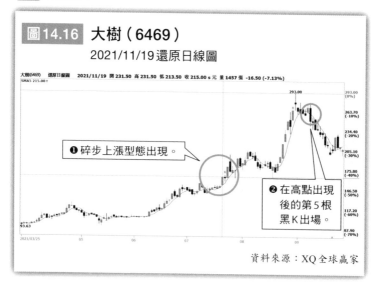

圖14.16　大樹（6469）
2021/11/19還原日線圖

大樹(6469)　還原日線圖　2021/11/19 開 231.50 高 231.50 低 213.50 收 215.00 s 元 量 1457 張 -16.50 (-7.13%)

❶ 碎步上漲型態出現。

❷ 在高點出現後的第5根黑K出場。

資料來源：XQ全球贏家

💡 **實戰 Tips**

❶：碎步上漲型態在十字線的紅K棒位置被偵測到，之後股價持續上漲。

❷：股價在8月高點後的第5根黑K就要出清部位，因為符合強力空頭型態。

上漲速度盤 Key Points

5. W底加上 N 型態→採用選股操作

- 點擊距離前高鍵，由大到小排序。
- 排除不適合投資區的買進。

資料來源：7trade

案例1

圖 **14.17**　台亞（2340）

2021/12/28 還原日線圖

❶ W 底加上 N 型態出現。

❷ 短線即將向上噴出。

資料來源：XQ 全球贏家

實戰 Tips

❶：十字線位置為 N 點，N 點前股價大漲為強力多頭格局。

❷：N 點後續漲機率極高。

📈 **案例 2**

圖 **14.18** 大同（2371）
2021/11/26 還原日線圖

❶ W 底加上 N 型態出現。

❷ 短線即將向上噴出。

資料來源：XQ 全球贏家

💡 **實戰 Tips**

❶：十字線位置為 N 點，N 點前股價打底完成。

❷：N 點後續漲機率極高。

案例3

圖14.19 世禾（3551）

2021/11/26還原日線圖

❶ W底加上N型態出現。

❷ 短線即將向上噴出。

資料來源：XQ全球贏家

實戰 Tips

❶：十字線位置為N點，N點前股價大漲為強力多頭格局。

❷：N點後續漲機率極高。

案例 4

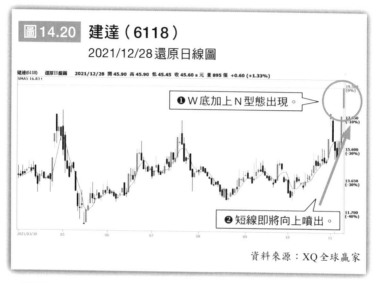

圖14.20 **建達（6118）**
2021/12/28 還原日線圖

❶ W 底加上 N 型態出現。

❷ 短線即將向上噴出。

資料來源：XQ 全球贏家

實戰 Tips

❶：十字線位置為 N 點，N 點前股價大漲為強力多頭格局。
❷：N 點後續漲機率極高。

📈 上漲速度盤 Key Points

6. 多重底部的上漲速度盤型態→採用選股操作

- 此型態適合空頭市場結束後的價格反轉投資。
- 此為多頭市場的賠錢型態,不適合投資。*

資料來源:7trade

📈 案例1

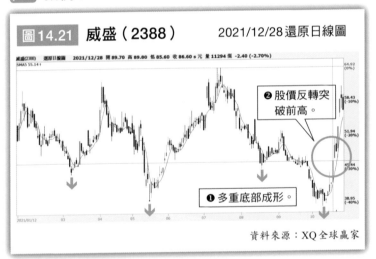

圖14.21 威盛(2388) 　　　　2021/12/28還原日線圖

❷ 股價反轉突破前高。

❶ 多重底部成形。

資料來源:XQ全球贏家

💡 實戰 Tips

❶:股價反覆震盪,形成多重底部。

❷:股價從多重底部上漲,這種型態的特色就是越漲越安
　　全,越可以大膽買進。

📈 案例 2

圖14.22 宏達電（2498）
2021/12/28 還原日線圖

❷ 股價反轉突破前高。

❶ 多重底部成形。

資料來源：XQ 全球贏家

💡 實戰 Tips

❶：股價反覆震盪，形成多重底部。

❷：股價從多重底部上漲，這種型態的特色就是越漲越安全，越可以大膽買進。

＊ 多頭市場時，股價一般而言會呈現漲繼續漲，然而多重底部型態其股價卻是 2 次以上回測前波低點，與多頭格局相反，所以它不是多頭主流型態。當股價大幅度上漲脫離底部區時，表示多頭型態確認，會漲繼續漲，當然會越漲越安全。

案例3

圖 14.23　笙泉（3122）
2021/12/28還原日線圖

❷ 股價反轉突破前高。

❶ 多重底部成形。

資料來源：XQ全球贏家

實戰 Tips

❶：股價反覆震盪，形成多重底部。

❷：股價從多重底部上漲，這種型態的特色就是越漲越安
全，越可以大膽買進。

案例4

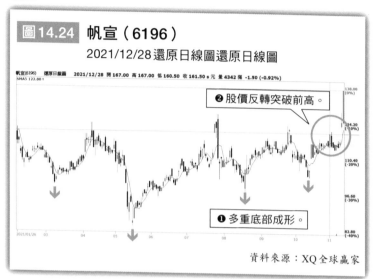

圖14.24　**帆宣（6196）**

2021/12/28還原日線圖還原日線圖

帆宣(6196)　還原日線圖　2021/12/28 開 167.00 高 167.00 低 160.50 收 161.50 s 元 量 4342 張 -1.50 (-0.92%)
SMA5 122.80 ↑

❷ 股價反轉突破前高。

❶ 多重底部成形。

資料來源：XQ全球贏家

實戰 Tips

❶：股價反覆震盪，形成多重底部。

❷：股價從多重底部上漲，這種型態的特色就是越漲越安
全，越可以大膽買進。

📈 上漲速度盤 Key Points

> 7. 頭肩底速度盤型態→採用選股操作
>
>
>
> ● 股價以 N 型上漲，續漲動能強。
> ● 排除不適合投資區的買進。
>
> 資料來源：7trade

📈 案例

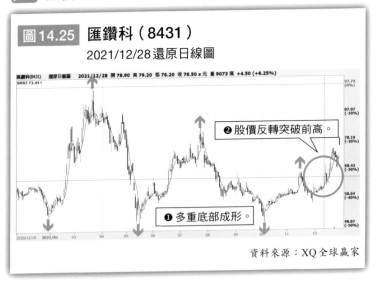

圖14.25 匯鑽科（8431）
2021/12/28 還原日線圖

❷ 股價反轉突破前高。

❶ 多重底部成形。

資料來源：XQ全球贏家

💡 實戰 Tips

❶：股價反覆震盪，形成多重底部。

❷：股價從多重底部上漲，這種型態的特色就是越漲越安
全，越可以大膽買進。

上漲速度盤 Key Points

8. 指數突破前波高點型態→採用選股操作

- 股價突破 52 週高點，續創新高價。
- 投資於第 2 次出現的個股。

資料來源：7trade

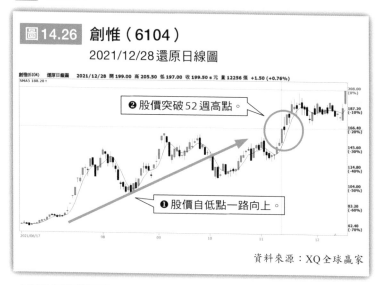 案例1

圖 14.26　創惟（6104）

2021/12/28 還原日線圖

創惟(6104)　還原日線圖　2021/12/28 開 199.00 高 205.50 低 197.00 收 199.50 s 元 量 12256 張 +1.50 (+0.76%)
SMA5 188.20 ↑

❷ 股價突破 52 週高點。

❶ 股價自低點一路向上。

資料來源：XQ 全球贏家

💡 實戰 Tips

❶：股價自低點一路向上，此為大多頭格局。
❷：股價突破 52 週高點，續漲機率極高。

📈 案例2

圖14.27 欣銓（3264）
2021/12/28還原日線圖

❷ 股價突破52週高點。

❶ 股價自低點
一路向上。

資料來源：XQ全球贏家

💡 實戰 Tips

❶：股價自低點一路向上，此為大多頭格局。

❷：股價突破52週高點，續漲機率極高。

案例 3

圖 14.28　矽瑪（3511）

2021/12/28 還原日線圖

❷ 股價突破 52 週高點。

❶ 股價自低點一路向上

資料來源：XQ 全球贏家

💡 實戰 Tips

❶：股價自低點一路向上，此為大多頭格局。

❷：股價突破 52 週高點，續漲機率極高。

案例4

圖14.29 **捷敏-KY（6525）**
2021/12/28 還原日線圖

❷ 股價突破52週高點。

❶ 股價自低點一路向上。

資料來源：XQ全球贏家

實戰 Tips

❶：股價自低點一路向上，此為大多頭格局。
❷：股價突破52週高點，續漲機率極高。

Chapter 15　短線與波段心法 2：下跌速度盤實例

　　股市俗諺說：「會買股票的是徒弟，會賣股票的是師傅。」依據這句俗諺，會放空的交易者即是股市師傅中的老手了。

　　只不過，即便有多年投資經驗的老手也不敢隨意放空，更不用提股市新手了。但依據實證研究，放空的交易者平均而言是可以獲得正報酬的（請參見凱利與泰特洛克〔Kelley & Tetlock〕發表於財務頂尖期刊 The Review of Financial Studies 上的論文）。一般而言，下跌速度盤的價格下跌速度，會比上漲速度盤的價格上漲速度來得快，所以若能確實掌握住下跌速度盤，則獲利是可以期待的。

由於各國政府不喜歡股價下跌所引起的民怨，所以在政策上對放空作了較多的交易限制，造成交易者放空不易，這也是多數人對放空交易不熟悉的原因之一，亦導致只有老練的交易者會在市場上放空。

依據邏輯，如果老練交易者放空交易無法獲利，則市場將無放空者執行放空。因為經驗不足的投資者不會去執行放空交易；如果老練的交易者無法從放空交易中獲利，他們當然也不會去放空，所以市場上的放空交易績效，就平均數而言應該是正的。

筆者與期貨交易數據相處了近二十年，分析了超過10億筆以上的交易價格，在行為財務理論的智能演算法協助下，歸納出8種下跌速度盤分享給讀者，這些速度盤也是筆者日常交易的重要參考，它們都禁得起嚴謹的學術和實務交易檢驗。

下跌速度盤 Key Points

1. 指數碎步下跌型態→採用放空操作

- 點擊區間跌幅鍵，找出區間跌幅＞12.5%
  的個股。
- 選擇顏值≧8的個股。

資料來源：7trade

案例1

圖15.1 燁興（2007）

2021/12/30還原日線圖

❷ 執行放空或
減碼出場。

❶ 碎步下跌型態出現。

資料來源：XQ全球贏家

實戰 Tips

❶：股價呈現碎步下跌是多頭減碼訊號。

❷：股價緩跌讓投資者有充分的時間可以逐步減碼到部位
　　出清。

案例2

圖15.2 為升（2231）
2021/12/30還原日線圖

資料來源：XQ全球贏家

💡 **實戰 Tips**

❶：股價呈現碎步下跌是多頭減碼訊號。

❷：股價緩跌讓投資者有充分的時間可以逐步減碼到部位
出清。

案例 3

圖15.3　微星（2377）
2021/12/30還原日線圖

微星(2377)　還原日報圖　2021/12/30 開 162.00 高 162.50 低 160.00 收 160.50 s 元 量 3871 張 -1.50 (-0.93%)

❷ 執行放空或
減碼出場。

❶ 碎步下跌型態出現。

資料來源：XQ 全球贏家

實戰 Tips

❶：股價呈現碎步下跌是多頭減碼訊號。

❷：股價緩跌讓投資者有充分的時間可以逐步減碼到部位
出清。

案例4

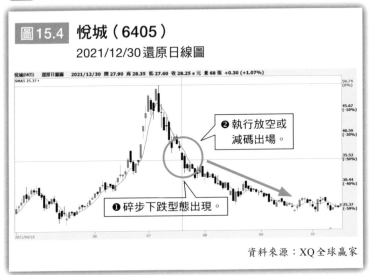

圖15.4 悅城（6405）
2021/12/30還原日線圖

❷ 執行放空或
減碼出場。

❶ 碎步下跌型態出現。

資料來源：XQ全球贏家

實戰 Tips

❶：股價呈現碎步下跌是多頭減碼訊號。

❷：股價緩跌讓投資者有充分的時間可以逐步減碼到部位
出清。

📉 下跌速度盤 Key Points

> 2. 指數呈現 Ｗ 型下跌型態→採用放空操作
>
>
>
> ● Ｗ 底前下跌動能越強，續跌動能越強。
> ● 空頭部位續抱，續跌機率高。
>
> 資料來源：7trade

📉 案例 1

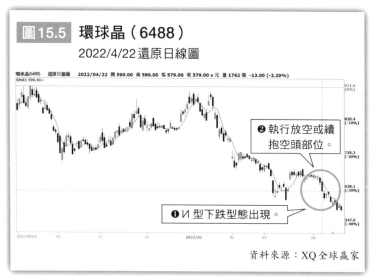

圖 15.5　環球晶（6488）

2022/4/22 還原日線圖

❷ 執行放空或續抱空頭部位。

❶ Ｗ 型下跌型態出現。

資料來源：XQ 全球贏家

💡 實戰 Tips

❶：十字線位置為 Ｗ 點，Ｗ 點前股價大跌為強力空頭格局。
❷：Ｗ 點後續跌機率極高。

案例2

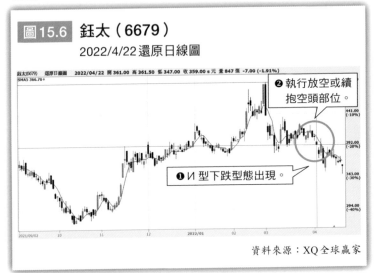

圖15.6 鈺太（6679）

2022/4/22還原日線圖

❷ 執行放空或續
　抱空頭部位。

❶ Ʌ型下跌型態出現。

資料來源：XQ全球贏家

💡 實戰 Tips

❶：十字線位置為 Ʌ 點，Ʌ 點前股價大跌為強力空頭格
　　局。

❷：Ʌ 點後續跌機率極高。

案例 3

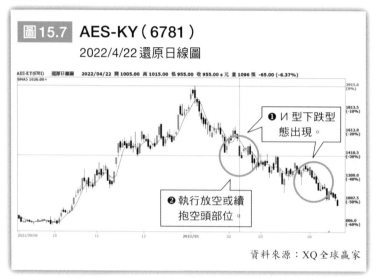

圖 15.7　AES-KY（6781）
2022/4/22 還原日線圖

資料來源：XQ 全球贏家

實戰 Tips

❶：十字線位置為 Ⅵ 點（本圖有 2 個 Ⅵ 點），Ⅵ 點前股價
　　大跌為強力空頭格局。

❷：Ⅵ 點後續跌機率極高。

案例4

圖15.8 金居（8358）
2022/4/22還原日線圖

❷ 執行放空或續
抱空頭部位。

❶Ⅳ 型下跌型態出現。

資料來源：XQ全球贏家

💡 **實戰 Tips**

❶：十字線位置為 Ⅳ 點，Ⅳ 點前股價大跌為強力空頭格
　　局。

❷：Ⅳ 點後續跌機率極高。

下跌速度盤 Key Points

3. 指數呈現下跌、盤整再下跌型態→採用放空操作

● 多頭市場不適合放空。

資料來源：7trade

案例 1

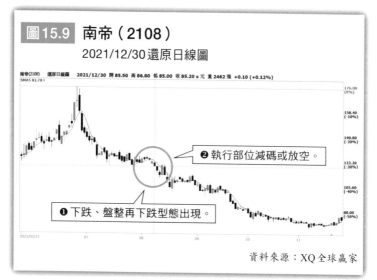

圖 15.9　**南帝（2108）**

2021/12/30 還原日線圖

南帝(2108)　還原日盤廠　2021/12/30 開 85.50 高 86.80 低 85.00 收 85.20 s 元 量 2462 張 +0.10 (+0.12%)
SMA5 82.78 ↑

❷ 執行部位減碼或放空。

❶ 下跌、盤整再下跌型態出現。

資料來源：XQ 全球贏家

實戰 Tips

❶：股價盤整後下跌是多頭減碼訊號。

❷：股價緩跌，投資者有充分的時間可以逐步減碼，直到
　　部位出清。

案例2

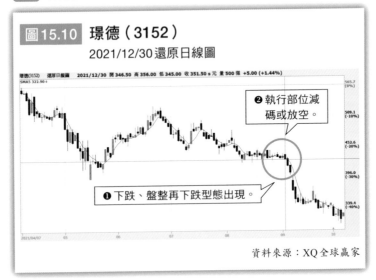

圖 15.10　**璟德（3152）**
2021/12/30還原日線圖

璟德(3152)　還原日股圖　2021/12/30 開 346.50 高 356.00 低 345.00 收 351.50 s 元 量 500 張 +5.00 (+1.44%)

❷ 執行部位減碼或放空。

❶ 下跌、盤整再下跌型態出現。

資料來源：XQ全球贏家

💡 **實戰 Tips**

❶：股價盤整後下跌是多頭減碼訊號。

❷：股價緩跌，投資者有充分的時間可以逐步減碼，直到部位出清。

案例 3

圖15.11 安集（6477）

2021/12/30還原日線圖

❷ 執行部位減碼或放空。

❶ 下跌、盤整再下跌型態出現。

資料來源：XQ全球贏家

實戰 Tips

❶：股價盤整後下跌是多頭減碼訊號。

❷：股價緩跌，投資者有充分的時間可以逐步減碼，直到部位出清。

案例4

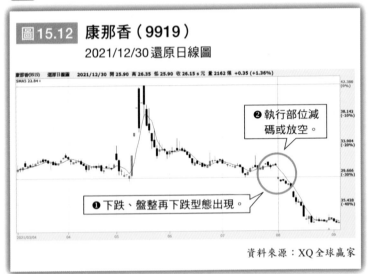

圖15.12 **康那香（9919）**
2021/12/30還原日線圖

資料來源：XQ全球贏家

💡 **實戰 Tips**

❶：股價盤整後下跌是多頭減碼訊號。
❷：股價緩跌，投資者有充分的時間可以逐步減碼，直到部位出清。

下跌速度盤Key Points

4. 強力空頭速度盤型態→採用放空操作

● 強力空頭降臨。

資料來源：7trade

案例1

圖15.13　**佳大（2033）**

2021/12/30還原日線圖

❶ 長黑 K 是部位出清訊號。

❷ 強力空頭再次確認。

❸ И 點再次放空。

資料來源：XQ 全球贏家

實戰 Tips

❶：7/1的長黑 K 是部位出清訊號。

❷：強力空頭點再次確認。

❸：隨後的反彈必讓空頭認輸回補，所以要在 И 點再次放空。

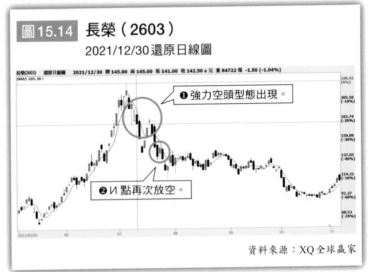

案例2

圖 15.14　長榮（2603）
2021/12/30還原日線圖

❶強力空頭型態出現。

❷W點再次放空。

資料來源：XQ全球贏家

💡 實戰 Tips

❶：十字線的位置出現強力空頭點。

❷：隨後的反彈可能讓空頭認輸回補，所以要在 W 點再次
放空。

案例 3

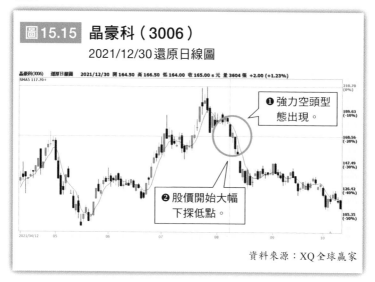

圖15.15　晶豪科（3006）
2021/12/30 還原日線圖

❶ 強力空頭型態出現。

❷ 股價開始大幅下探低點。

資料來源：XQ 全球贏家

實戰 Tips

❶：十字線的位置出現強力空頭點。

❷：空點後股價大幅度下跌。

案例4

圖 15.16　台半（5425）
2021/12/30還原日線圖

台半(5425)　還原日線圖　2021/12/30 開 78.80 高 79.20 低 78.20 收 78.60 s 元 量 3137 張 +0.40 (+0.51%)

❶ 強力空頭型態出現。

❷ 股價開始大幅下探低點。

資料來源：XQ全球贏家

💡 實戰 Tips

❶：十字線的位置出現強力空頭點。

❷：空點後股價大幅度下跌。

下跌速度盤 Key Points

5. M 頭加上 N 型態→採用放空操作

● 建議空在 52 週高點附近。

資料來源：7trade

案例 1

圖 15.17　大同（2371）
2021/12/30 還原日線圖

大同(2371)　還原日線圖　2021/12/30 開 32.60 高 32.60 低 32.30 收 32.60 s 元 量 17261 張 +0.20 (+0.62%)
SMA5 24.38 ↑

❶ M 頭加 N 型態出現。

❷ 反彈後的第 3 根紅 K 回補。

資料來源：XQ 全球贏家

實戰 Tips

❶：十字線是 N 點，符合 M 頭加上 N 型態，且價格接近 52 週高點，此時可以大膽放空。

❷：股價反彈後在第 3 根紅 K 棒做空頭部位回補。

案例2

圖15.18　佳百裕（3323）
2021/12/30還原日線圖

加百裕(3323)　還原日線圖　2021/12/30 開 42.30 高 42.95 低 42.30 收 42.75 s 元 量 516 張 +0.60 (+1.42%)
SMA5 34.98 +

❶ M頭加 M 型
態出現。

❷ 股價開始大幅
下探低點。

資料來源：XQ全球贏家

實戰 Tips

❶：十字線是 M 點。

❷：M 點也是強力空頭型態的再次確認，要大膽的放空。

案例3

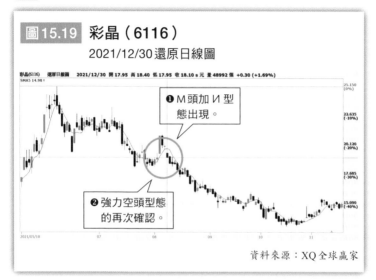

圖 15.19　彩晶（6116）

2021/12/30 還原日線圖

資料來源：XQ全球贏家

實戰 Tips

❶：十字線是 Ⅳ 點。

❷：Ⅳ 點上方是盤整後下跌區，也是空頭走勢的再次確認。

案例4

圖15.20 **神盾（6462）**
2021/12/30還原日線圖

資料來源：XQ全球贏家

💡 **實戰 Tips**

❶：十字線是 ᴎ 點。

❷：ᴎ 點下方是底部區，一般而言不宜追空。

下跌速度盤 Key Points

6. 多重頭部的下跌速度盤型態→採用放空操作

● 當第4個頭部完成時，可以大膽放空。
● 建議空在52週高點附近。

資料來源：7trade

案例1

圖15.21 亞德客-KY（1590）
2021/12/30 還原日線圖

❶ 多重頭部型態出現。

❷ 見底不是底。

資料來源：XQ全球贏家

💡 實戰 Tips

❶：當第4個頭部完成時，可以視同為強力空頭型態，要大膽放空。

❷：此型態的特色為「見底不是底」，股價通常會直接摜破。

圖 15.22 **美食-KY(2723)**
2021/12/30還原日線圖

❶ 多重頭部型態出現。

❷ 空頭部位回補。

資料來源：XQ全球贏家

💡 **實戰 Tips**

❶：當多重頭部完成時，且距離底部區有相當距離，可以
大膽放空。

❷：股價反彈後在第3根紅K棒做空頭部位回補。

案例 3

圖 15.23 今國光（6209）

2021/12/30 還原日線圖

今國光(6209)　還原日線圖　2021/12/30 開 36.65 高 36.70 低 35.90 收 36.60 s 元 量 1431 張 +0.20 (+0.55%)
SMA5 26.35 ↑

❶多重頭部型態出現。

❷見底不是底。

資料來源：XQ 全球贏家

實戰 Tips

❶：當多重頭部完成時，且距離底部區有相當距離，可以大膽放空。

❷：此型態的特色為「見底不是底」，股價通常會直接摜破。

案例4

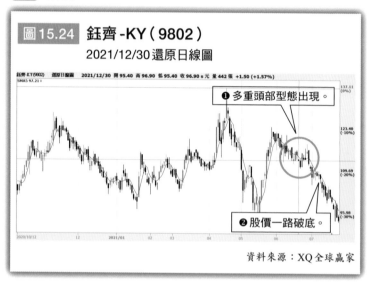

圖15.24 鈺齊-KY（9802）
2021/12/30還原日線圖

資料來源：XQ全球贏家

💡 實戰 Tips

❶：十字線為多重頭部完成時，但此時距離底部區不遠，
放空操作時要相當謹慎。

❷：股價一路回測前波低點。

下跌速度盤 Key Points

7. 頭肩頂速度盤型態→採用放空操作

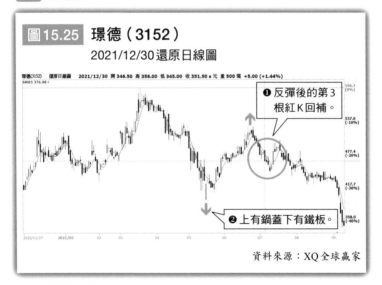

● 價格藝術的極品，多空皆不宜。

資料來源：7trade

案例 1

圖15.25	璟德（3152）

2021/12/30 還原日線圖

璟德(3152)　還原日線圖　2021/12/30 開 346.50 高 356.00 低 345.00 收 351.50 s 元 量 500 張 +5.00 (+1.44%)
SMA5 376.98 ↑

❶ 反彈後的第3根紅K回補。

❷ 上有鍋蓋下有鐵板。

資料來源：XQ全球贏家

實戰 Tips

❶：頭肩頂型態亦可視為是一個大型的 N 型。

❷：上有鍋蓋下有鐵板，大數據顯示此時多空皆不宜。

173

案例 2

圖 15.26 旭暉應材（6698）
2021/12/30 還原日線圖

❶ 頭肩頂型態出現。

❷ 上有鍋蓋下有鐵板。

資料來源：XQ 全球贏家

實戰 Tips

❶：頭肩頂型態亦可視為是一個大型的 M 型。

❷：上有鍋蓋下有鐵板，大數據顯示此時多空皆不宜。

下跌速度盤 Key Points

8. 指數跌破前波低點型態→採用放空操作

● 股價跌破52週低點，續創新低價。
● 放空於第2次出現的個股。

資料來源：7trade

案例1

圖15.27　大立光（3008）

2021/12/30還原日線圖

❷第2次破52週低點時放空。

❶股價跌破52週低點。

資料來源：XQ全球贏家

實戰 Tips

❶：股價跌破52週低點是弱勢中的弱勢，也是「跌會繼續跌」的最好範例。

❷：股價第2次跌破低點時可進場放空。

 案例2

圖15.28 **聯鈞（3450）**

2021/12/30還原日線圖

聯鈞(3450) 還原日版圖 2021/12/30 開 56.00 高 57.30 低 56.00 收 56.80 8 元 量 646 強 +0.90 (+1.61%)
SMA5 50.73 ↑

❶ 股價跌破52
週低點。

❷ 第2次破52週低點時放空。

資料來源：XQ全球贏家

💡 **實戰 Tips**

❶：股價跌破52週低點是弱勢中的弱勢，也是「跌會繼續
跌」的最好範例。

❷：股價第2次跌破低點時可進場放空。

案例 3

圖 15.29　**生華科（6492）**

2021/12/30 還原日線圖

❶ 股價跌破 52 週低點。

❷ 第 2 次破 52 週低點時放空。

資料來源：XQ 全球贏家

實戰 Tips

❶：股價跌破 52 週低點是弱勢中的弱勢，也是「跌會繼續跌」的最好範例。

❷：股價第 2 次跌破低點時可進場放空。

案例4

圖 15.30 **昇佳電子（6732）**
2021/12/30還原日線圖

❶ 股價跌破52
週低點。

❷ 第2次破52週低點時放空。

資料來源：XQ全球贏家

💡 **實戰 Tips**

❶：股價跌破52週低點是弱勢中的弱勢，也是「跌會繼續跌」的最好範例。

❷：股價第2次跌破低點時可進場放空。

Chapter 16 我的交易雜記

　　2021年暑假，Sam因為興趣跟著我一起探討投資行為相關理論和投資交易實務，之後他就自己透過7trade的選股系統自行去研究美股，並且自行模擬交易。

　　每次當筆者要執行停損時，必叫Sam讀出虧損金額，然後在他面前執行停損。執行停損不是一件愉快的事，但我總是告訴Sam：停損後我們還可以拿回87％的本金，我們可以輕易的從下一次投資中連本帶利討回來；相反的，若不執行停損讓虧損繼續擴大，則我們很難在下一次投資中賺回本金。

　　Sam在我的耳提面命下，已能深刻體會到投資

就是不能讓虧損持續擴大，但他的美股投資模擬中，我發現他抱不住正在上漲的股票，因為只要股價進行價格修正，Sam 幾乎會忍不住賣出持股，而在賣出數日後跟我說股價持續上漲，也就是抱不住正在上漲的個股，即使我多次告訴 Sam 要如何抱住往上動能個股的方法。可見投資獲利需要時間的練習，即使買到會上漲的股票也要有本事抱住，並進一步加碼才能讓獲利入袋。

Sam 也跟一般投資人一樣，他要依據自己的想法去做減碼，所以明顯的他還需要時間去培養獲利能力，這對 Sam 而言是再自然不過的事，畢竟他還未滿17歲。*

不同於 Sam，筆者是以科學量化分析找出減碼點，在智能演算法協助下，7trade 發展出 14 種智能減碼型態，減碼點為個股 K 線圖走勢與減碼型態圖

---

* 通常孩子是聽不下爸爸的建議的，Sam 要證明他比爸爸更厲害。

吻合時——7trade已將減碼點視覺化，讀者可以在7trade的「財富管理」連結中找到智能化減碼系統，我把相關減碼型態圖解放於〈附錄II〉中。

何謂「智能化減碼」呢？

智能化減碼為減碼點係由投資行為理論發展出來，其特色為：(1)藉由AI圖形比對演算法達到100％精確比對；(2)持有的個股價格在碰觸到減碼點後，股價有超過80％的機率會繼續跌；(3)相對的，放空的個股價格在碰觸到減碼點後，股價有超過80％的機率會繼續漲。

所以，善加利用7trade智能化減碼系統能大幅度的提升投資績效，這也是阿賢每日使用的最佳投資管理系統。

在交易過程中，投資人無需過度計較投資勝率，筆者一直強調勝率不是影響獲利的重要因素

（請參見第一章的真實期貨交易數據，該數據顯示即使勝率超過60%，當日還是有可能賠錢），交易過程中影響交易獲利的重要因素為極小化投資部位虧損和加碼能力。

在筆者的常態股票投資組合中，平均3至4個月會換一輪持股，所以年週轉率會小於4。一般而言，投資組合約持有8到10檔個股。依據報酬率分布，大約有1到2檔季報酬高於50%；2到3檔季報酬在10至30%區間；3檔介於-10至10%區間；1到2檔季報酬虧損超過10%。

極小化部位虧損的具體作法就是「減碼停損」。筆者會在晚上叫Sam讀出虧損金額，然後告訴他明天我要執行停損，停損後把錢加碼到持續上漲的個股中，愈漲愈加碼，直到股價下跌出現減碼點，才會分批獲利出場。

由於筆者每日都以7trade的運算資訊作為交易

的參考，所以追求100％精確一直是筆者對7trade團隊的要求。100％精確的速度盤型態比對都不能保證會獲利了，更別提沒有100％精確的速度盤型態。

投資交易中最困難的速度盤型態和減碼型態都已經被7trade團隊視覺化了，大幅度的簡化選股困難度，投資者在使用7trade的速度盤和智能減碼系統後，配合正確的投資行為，則獲利是可以期待的。

Part 4

7trade
投資實務教學

9 million in 90 days 9 million in 90 days 9 million in 90 days
9 million in 90 days 9 million in 90 days 9 million in 90 days
9 million in 90 days 9 million in 90 days 9 million
9 million in 90 days 9 million in 90 days 9 million in
million in 90 days 9 million in 90 days 9 million in
in 90 days 9 million in 90 days 9 million in 90 days
9 million in 90 days 9 million in 90 days
90 days 9 million in 90 days 9 million in 90 days
in 90 days 9 million in 90 days 9 million in 90 da
million in 90 days 9 million in 90 days 9 million

Chapter 17 碎步動能上漲

　　所謂的「動能」，就是漲會繼續漲、跌會繼續跌，只要在動能點買進或放空有價證券，就有極大的機率可以獲利。

　　在多頭市場上，大家常聽到多頭市場的特色就是股價走勢「緩漲急跌」，而這裡的緩漲，就是碎步上漲；或者你也會聽到「沒有漲停，但漲不停」，這裡的漲不停，也是指股價在碎步上漲，由此可見，碎步上漲是多頭價格走勢的一種常見型態。透過本書，7trade 非常榮幸可以提供讀者 100％精確的碎步上漲型態，可以大幅度的提升投資朋友的獲利能力。

Step1：在7trade官網上，點擊「碎步上漲型
　　　　態圖」。

Step2：選擇查詢日期後，點擊「查詢」就會
　　　　跑出查詢日正在碎步上漲中的個股。

　　7trade在碎步型態中的表格裡，設定了「顏值」
和「情緒波動」兩個指標。點擊「顏值」鈕進行排
序，找出顏值大（等）於8的個股，你就會發現，
這些個股都在碎步上漲中。除了顏值之外，個股情
緒波動也不能太大，如果情緒波動越大，則代表這
檔股票會讓持有者的感覺猶如洗三溫暖般。

　　在挑選適合投資的個股時，先點擊「區間漲
幅％」鈕，讓區間漲幅由小到大進行排序，排除區

間漲幅小於10％和股價位於不宜投資區的個股，尋找顏值大（等）於8的個股。個股如果顏值未到8時，可以繼續等待；一旦顏值等於8時，它幾乎就是繼續往上的動能點。舉例來說，表17.1為2021年12月13日篩選出來的碎步上漲個股列表。＊

　　表17.1的個股係依照「區間漲幅％」去排序，在表17.1中有兆豐金（2886）、永豐金（2890）、合庫金（5880）和中信金（2891）等4檔金融股，其顏值都非常的高，出現次數也持續地增加中。這4檔金融股，其5日交易週轉率都低於1％，依照本書第6章的「動能生命週期理論」，這些個股是標準的存股標的，事實上，它們的股價截至2022年2月仍在持續上漲中。表17.1中適合存股的標的還有聯強（2347）。

＊ 讀者可按照自己的偏好找出適合自己的投資方法，例如選擇不同顏值和情緒波動大小的個股。

表17.1　碎步上漲個股表

	代碼	商品	成交價	漲(跌)幅%	週轉率%	5日週轉率%	出現次數	顏值	情緒波動	區間漲幅%	攤位1	不宜投資
1	3673.TW	TPK-KY	42.50	1.55	0.84	2.46	1	6	0.85	7.59		
2	2886.TW	兆豐金	35.50	-0.42	0.11	0.65	28	17	0.85	10.76		
3	2890.TW	永豐金	15.85	-0.63	0.19	0.88	5	11	7.75	11.62		
4	1590.TW	亞德客-KY	896.00	0.22	0.13	1.53	3	7	21.52	13.13		
5	6477.TW	安集	46.50	3.33	11.51	30.92	1	7	2.92	13.83		
6	5880.TW	合庫金	25.00	-0.40	0.12	0.66	70	18	4.92	13.90		
7	4147.TWO	中裕	75.80	2.99	1.39	3.36	2	7	14.14	14.67		V
8	2891.TW	中信金	25.85	-0.39	0.15	0.95	17	21	8.98	15.40		
9	2014.TW	中鴻	40.90	6.23	4.43	16.42	1	6	17.77	22.46		
10	2347.TW	聯強	64.10	0.00	0.68	2.55	16	22	3.82	25.69		
11	6016.TWO	康和證	14.30	1.78	0.53	4.41	2	14	2.80	27.68		
12	6120.TW	達運	15.55	9.89	2.73	12.97	2	9	0.45	45.33		
13	6541.TW	泰福-KY	74.40	9.90	1.74	4.71	2	6	9.68	46.75		V

資料來源：7trade

　　這裡要介紹一下圖17.2的遠雄港（5607）。遠雄港在2021年10月20日開始出現碎步動能上漲，其特色是週轉率伴隨著股價越上漲，週轉率越低，依據本書〈第6章〉和第二部份的交易行為理論，股價上漲、交易量縮，這是「漲會繼續漲」的訊號。

　　相同的價量關係也可以在興農（1712）發現，興農股價在2021年10月4日開始碎步動能上漲後，也是週轉率伴隨著股價越上漲，週轉率越低，這也是「漲會繼續漲」的訊號。

圖17.1 聯強（2347）
2022/05/09 還原日線圖

資料來源：XQ全球贏家

圖 17.2　遠雄港（5607）

2022/02/16還原日線圖

碎步動能上漲。

週轉率遞減。

資料來源：XQ全球贏家

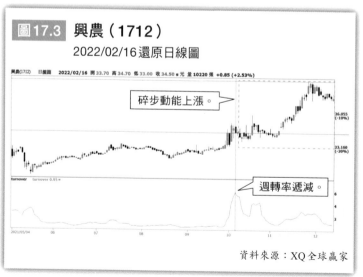

圖 17.3　興農（1712）

2022/02/16還原日線圖

碎步動能上漲。

週轉率遞減。

資料來源：XQ全球贏家

Chapter 18 N型動能上漲

　　「動能」就是漲會繼續漲、跌會繼續跌。在股價續漲過程中，我們經常可以發現股價以N型態上漲，這是因為價格N型態是投資者的「處置效果」造成的，而投資者皆普遍存在處置效果，所以大部分的個股會以N型態上漲。

　　Step1：在7trade官網上，點擊「N型上漲型態圖」。

Step2：選擇查詢日期後，點擊「查詢」就會跑出查詢日 N 型態的個股。

7trade 在 N 型態中的表格裡，設定了「充電天數」和「蓄勢待發」兩個指標，充電天數係指查詢日距離 N 頂的天數；蓄勢待發係指股價逼近前波高點或已經突破前波高點。投資者可以觀察充電天數和蓄勢待發兩種指標對後續報酬的相關性，或許可以找到屬於自己的獲利方法。*

N 型動能也是股價漲會繼續漲的基本型態，但由於這型態出現後馬上會遇到 N 頂的解套賣壓，因此價格通常會有 3 種走勢：第一種走勢，是價格直接噴出穿越 N 頂；第二種走勢，是緩慢碎步上漲；第三種走勢，是股價無法穿越 N 頂，造成價格反轉。

一般而言，N 頂前多頭走勢明確的個股，經過

---

* 一般而言，「充電天數」越短，股價突破 N 頂的機率越高。

價格修正後突破N頂繼續漲的機率越高，因為此時
N型態是屬於價格修正，修正完畢後股價還是要再
繼續上漲。

　　這裡分享3檔N型態個股，分別為九齊
（6494）、漢磊（3707）、譜瑞-KY（4966）。由圖
18.1和圖18.2中，我們可以觀察到九齊和漢磊在N
頂價格前多頭走勢強勁，所以股價越過N頂後繼續
大漲；圖18.3的譜瑞-KY則是持續地以N型態上
漲，股價在N頂價格前多頭走勢不明朗，因此後續
漲幅不如九齊和漢磊，投資人宜避開這類持續以N
型態上漲的個股。

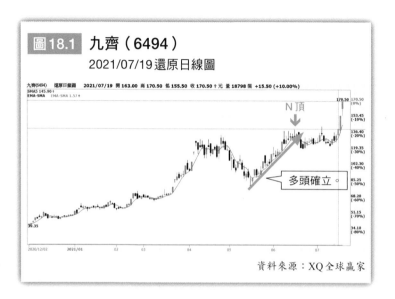

圖18.1　**九齊（6494）**

2021/07/19還原日線圖

資料來源：XQ 全球贏家

圖18.2　**漢磊（3707）**

2021/07/19還原日線圖

資料來源：XQ 全球贏家

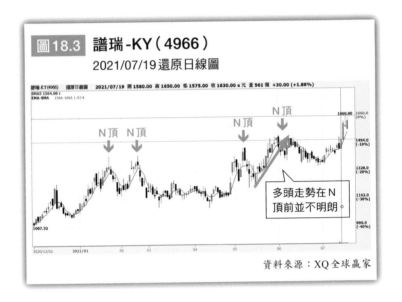

圖18.3 譜瑞-KY（4966）
2021/07/19還原日線圖

資料來源：XQ全球贏家

火箭噴發上漲

　　火箭噴發上漲型態是投資人「過度自信」和
「賭徒下注行為」偏誤造成的，係指投資人因過度
交易的行為而推升了股價。依據過度自信的理論，
投資人高估了自己持有資訊的精確度，因而持續推
升股價，最終導致價格泡沫。

　　火箭噴發上漲型態是一種上漲的特殊形態，當
這種型態出現後，如果能夠買在正確時間點，倍數
獲利指日可待。

Step1：在 7trade 官網上，點擊「火箭型態圖」。

Step2：選擇查詢日期後，點擊「查詢」就會
跑出查詢日火箭噴發上漲型態的個股。

　　股價出現火箭噴發上漲型態，是投資人過度的
追價行為造成的，而這種偏差的投資行為，依據理
論和實務經驗，終究會形成價格泡沫。*所以如果能
在價格泡沫前進場投資，必可獲取鉅額報酬。

　　這裡分享3檔火箭噴發上漲型態個股，分別為
聯華（1229）、東鹼（1708）、中鼎（9933）。由圖
19.1、圖19.2、圖19.3中，我們可以觀察到火箭噴

---

* 賭徒下注行為也會將股價推升到價格泡沫。

發上漲型態完成後，股價確實大漲，但這種大漲型
態時常尾隨大幅度的價格震盪，會造成投資者不知
道該如何反應，因此筆者不建議投資者貿然投資這
種型態。

　　然而，如果火箭噴發上漲型態存在於碎步上漲
中，那麼就具有極高的投資價值，投資者可以放膽
投資。

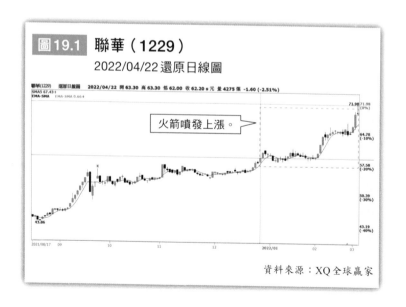

圖19.1 聯華（1229）

2022/04/22還原日線圖

火箭噴發上漲。

資料來源：XQ全球贏家

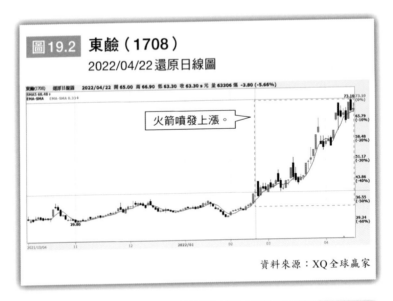

圖 **19.2** 東鹼（1708）
2022/04/22 還原日線圖

火箭噴發上漲。

資料來源：XQ全球贏家

圖 **19.3** 中鼎（9933）
2022/04/22 還原日線圖

火箭噴發上漲。

資料來源：XQ全球贏家

Chapter 20 強力空頭型態

　　依據行為財務學理論，過高的股價係投資人基於「過度自信」和「賭徒下注行為」造成的，也就是因投資人的過度交易行為而推升了股價。

　　依據過度自信的理論，投資人高估了自己持有資訊的精確度，因而持續推升股價，最終導致價格泡沫。賭徒下注行為則是投資人在前期獲利下，放膽地加碼投資，過度追逐高價，最終導致價格泡沫。所以，當過高的股價是基於投資人的行為偏誤造成時，放空交易可以迅速帶來極大的利潤。

　　Step1：在 7trade 官網上，點擊「強力空頭型態圖」。

Step2：選擇查詢日期後，點擊「查詢」就會
跑出查詢日強力空頭型態的個股。

這裡分享3檔2022年4月22日的強力空頭型態
個股，分別為寶碩（5210）、惠光（6508）、ABC-
KY（6598）。由圖20.1、圖20.2、圖20.3中，我們
可以觀察到過高的股價基本上是由投資人的行為偏
誤造成的，因此當價格反轉時（2022/4/22），股價
就會轉變為強力空頭型態，此時執行放空會有極大
的短期利潤。

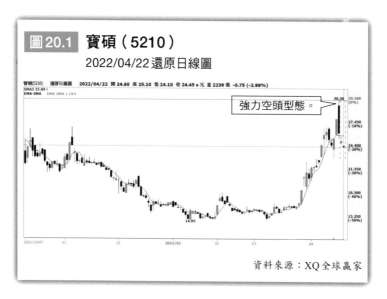

圖 20.1　寶碩（5210）

2022/04/22 還原日線圖

強力空頭型態。

資料來源：XQ全球贏家

圖 20.2　惠光（6508）

2022/04/22 還原日線圖

強力空頭型態。

資料來源：XQ全球贏家

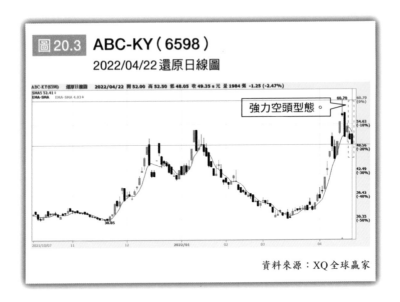

　　以2022年第一季來說，7trade所偵測到的強力空頭個股，基本上股價到四月底都是大跌的，下跌幅度超過30％的比比皆是，放空這些強力空頭個股的利潤會非常豐厚。所以，若想迅速從股市致富，就要有能力去放空這些因為投資人行為偏誤導致股價過高的個股。有興趣的讀者，可以點擊7trade的「綜合查詢」→「投資績效查詢」，即可獲取按季或按月的16種型態個股投資績效。

　　當然，當空頭市場降臨時，〈第15章〉提到的「多重頭部型態」也會轉變成「強力空頭型態」，因為此時股價剛從高點下跌，上方的層層套牢壓力會引爆投資人恐慌性停損賣壓，導致下方的底部區見底不是底，股價直接攢破下方的底部區；當股價攢破底部區後，又會再次引爆成本在底部區附近的恐慌性賣壓，股價越跌，越沒有人敢接手買進，因而造成股價超跌，而這也是放空者的利潤所在。

　　為何股價越跌越沒有人敢接手買入？因而造成股價超跌。這種現象是投資人的賭徒下注行為造成的。當股價持續地創下月、季的新低價時，代表大部分的投資者都賠錢了，散戶賠錢後在損失迴避天性下內心會感到痛苦。如果逢低攤平買入的個股又再度賠錢，內心會更加痛苦，在擔心痛苦加劇的情況下，股價越低投資人越不敢買。下跌的股價在沒有投資者敢接手買入時，股價就會超跌。

當沖交易型態

　　當沖交易基本上是一種賠錢的行為，然而，交易者往往會被錯誤的資訊誤導，誤以為可以藉由無本當沖獲利，因而吸引大量的股市小白進場，然後賠錢出場。2022年4月，成大的證券投資研習社還邀請我去分享當沖交易經驗，可見連大學生也興致沖沖地認為當沖是一門好賺的生意。

　　筆者希望投資人在閱讀本書後，可以選擇低週轉率、碎步上漲的個股進行長期投資，這些碎步上漲的個股長期持有下來，豐厚的預期報酬是可以期待的；或者培養出放空強力空頭個股的能力，因為當股價出現持續性下跌時，這些股票能為放空者帶來極大利潤──當沖的利潤長期下來，應該是小於

長期投資和放空交易的。雖然筆者不鼓勵當沖交易，但若擁有正確的日內價格型態知識，當沖獲利並非難事。

　　基本上，當沖要以圖21.1中的四種型態為主，但要以圖中的②、④型態為主；至於①、③的型態，則要選擇完美碎步型態，如此必能大幅度的提高當沖獲利機率。

圖21.1　當沖型態圖

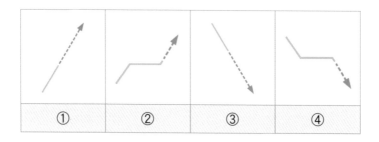

①　　　　②　　　　③　　　　④

　　以下我將依序提供每個型態的2張圖例，並用金色方框將型態圈起，方便讀者辨識。細心的讀者將會發現型態①、型態②，彼此會伴隨出現；型態

③、型態④亦會伴隨出現。（7trade 預計在 2022 年推出盤中的精確當沖型態，敬請期待。）

再次善意提醒當沖交易人：當沖務必要避開「過度交易」的陷阱，建議只交易圖 21.1 的四種型態，並且要確實掌握平倉價位，如此才能大幅度的提高獲利機率。

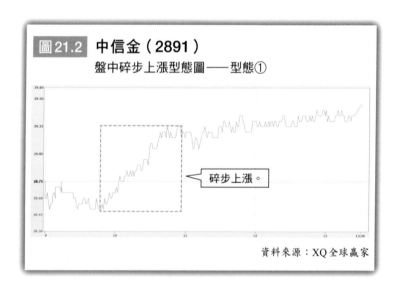

圖21.2 **中信金（2891）**
盤中碎步上漲型態圖 —— 型態①

碎步上漲。

資料來源：XQ全球贏家

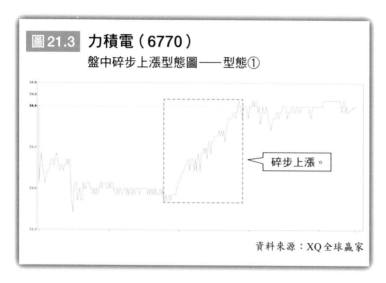

圖21.3 **力積電（6770）**
盤中碎步上漲型態圖──型態①

碎步上漲。

資料來源：XQ全球贏家

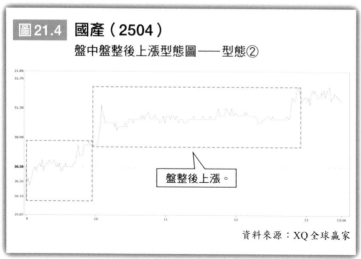

圖21.4 **國產（2504）**
盤中盤整後上漲型態圖──型態②

盤整後上漲。

資料來源：XQ全球贏家

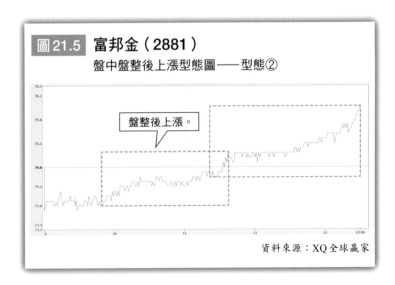

圖21.5 **富邦金（2881）**
盤中盤整後上漲型態圖──型態②

盤整後上漲。

資料來源：XQ全球贏家

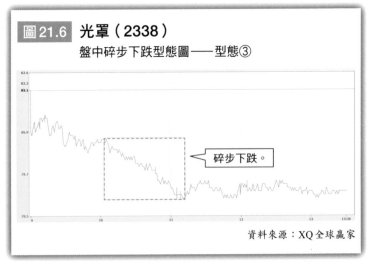

圖21.6 **光罩（2338）**
盤中碎步下跌型態圖──型態③

碎步下跌。

資料來源：XQ全球贏家

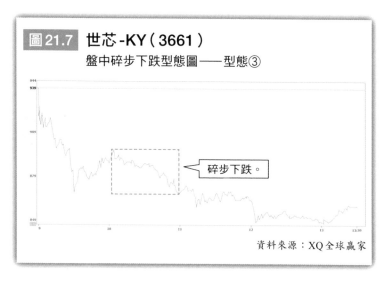

圖 21.7 世芯-KY（3661）
盤中碎步下跌型態圖——型態③

碎步下跌。

資料來源：XQ全球贏家

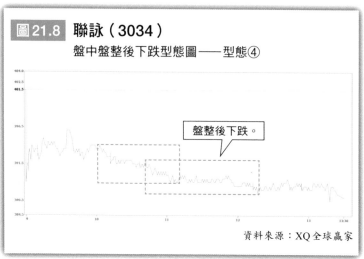

圖 21.8 聯詠（3034）
盤中盤整後下跌型態圖——型態④

盤整後下跌。

資料來源：XQ全球贏家

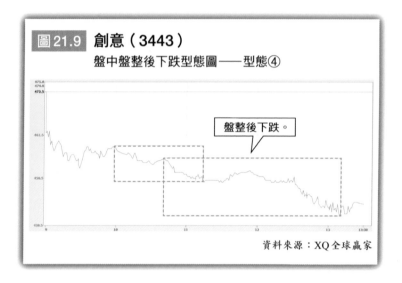

圖21.9 創意（3443）

盤中盤整後下跌型態圖──型態④

盤整後下跌。

資料來源：XQ全球贏家

Appendix

附錄

（單位：點）

DATE	交易口數	利潤	平均獲利	平均損失	單次最大獲利	單次最大損失	勝率	賠率	最大風險	加碼口數
Day 74	20	37	10	-3	13		100%	0%	-21	5
Day 75	30	262	21	-5	30		100%	0%	-36	5
Day 76	72	310	15	-2	25	-3	92%	8%	-36	7
Day 77	170	639	13	-8	34	-12	73%	27%	-18	12
Day 78	84	308	14	-8	27	-17	76%	24%	-55	10
Day 79	144	-55	12	-11	22	-30	54%	46%	-24	13
Day 80	96	187	9	-6	22	-6	67%	33%	-12	8
Day 81	132	406	11	-9	29	-20	80%	20%	-9	10

DATE	交易口數	利潤	平均獲利	平均損失	單次最大獲利	單次最大損失	勝率	賠率	最大風險	加碼口數
Day 82	56	408	24	-6	40	-14	81%	19%	-36	15
Day 83	60	-137	5	-10	9	-11	40%	60%	-16	6
Day 84	30	27	4	-8	10	-5	80%	20%	-153	5
Day 85	104	148	5	-2	12	-3	90%	10%	-153	12
Day 86	176	-24	7	-15	22	-27	72%	28%	-15	15
Day 87	60	94	5	-5	9	-5	89%	11%	-14	9
Day 88	116	108	5	-5	10	-10	78%	22%	-28	10
Day 89	70	123	9	-5	47	-12	75%	25%	-2	6
Day 90	130	284	10	-12	20	-21	82%	18%	-42	9
Day 91	118	94	7	-7	18	-18	71%	29%	-15	6
Day 92	114	410	9	-4	18	-5	95%	5%	-21	11

DATE	交易口數	利潤	平均獲利	平均損失	單次最大獲利	單次最大損失	勝率	賠率	最大風險	加碼口數
Day 93	94	291	10	-8	27	-17	91%	9%	-26	7
Day 94	242	-12	4	-9	14	-24	83%	17%	-5	14
Day 95	96	310	6		18		100%	0%	-153	10
Day 96	88	168	5	-1	13		100%	0%	-3	9
Day 97	172	-797	7	-20	14	-43	52%	48%	-731	20
Day 98	104	193	9	-17	22	-19	81%	19%	-38	13
Day 99	178	-10	7	-15	29	-34	69%	31%	-81	11
Day 100	60	150	6	0	14		100%	0%	-3	9
Day 101	116	151	7	-9	19	-22	83%	17%	-20	9
Day 102	114	26	6	-7	18	-15	70%	30%	-16	10
Day 103	140	-180	3	-8	11	-22	75%	25%	-105	10

DATE	交易口數	利潤	平均獲利	平均損失	單次最大獲利	單次最大損失	勝率	賠率	最大風險	加碼口數
Day 104	44	51	4	-3	11	-5	95%	5%	-153	10
Day 105	52	212	8		23		100%	0%	-6	6
Day 106	50	48	7	-4	14	-8	85%	15%	-153	6
Day 107	100	-127	7	-6	23	-13	38%	62%	-39	12
Day 108	68	69	2	-3	8		100%	0%	-153	6
Day 109	54	-16	6	-8	12	-9	56%	44%	-5	9
Day 110	18	-8	3	-13	6	-11	78%	22%	-19	3
Day 111	182	570	9	-4	28	-4	85%	15%	-19	13
Day 112	92	171	6	-4	12	-6	91%	9%	-19	6
Day 113	140	-116	6	-11	19	-20	60%	40%	-12	10
Day 114	188	-2	4	-8	14	-16	77%	23%	-78	11

DATE	交易口數	利潤	平均獲利	平均損失	單次最大獲利	單次最大損失	勝率	賠率	最大風險	加碼口數
Day 115	128	334	7	-8	18	-12	94%	6%	-30	9
Day 116	150	156	6	-5	15	-18	75%	25%	-30	11
Day 117	94	184	11	-6	15	-7	62%	38%	-20	13
Day 118	178	-32	6	-9	15	-19	67%	33%	-68	15
Day 119	134	247	6	-4	19	-9	85%	15%	-47	20
Day 120	202	99	5	-7	17	-24	88%	12%	-147	9
Day 121	256	166	6	-6	19	-13	71%	29%	-24	12
Day 122	132	118	4	-1	19	-4	89%	11%	-4	10
Day 123	166	207	4	-5	16	-10	86%	14%	-15	12
Day 124	172	246	6	-8	12	-7	77%	23%	-5	14
Day 125	156	346	8	-5	24	-15	82%	18%	-24	9

DATE	交易口數	利潤	平均獲利	平均損失	單次最大獲利	單次最大損失	勝率	賠率	最大風險	加碼口數
Day 126	246	285	5	-8	13	-20	86%	14%	-10	15
Day 127	346	899	8	-5	19	-10	90%	10%	-17	24
Day 128	260	454	5	-6	17	-13	94%	6%	-58	13
Day 129	184	-437	6	-16	14	-49	57%	43%	-80	20
Day 130	10	28	6		8		100%	0%	-19	5
Day 131	212	850	10	-9	27	-12	92%	8%	-30	23
Day 132	294	567	10	-6	23	-11	82%	18%	-252	29
Day 133	246	233	6	-15	21	-30	83%	17%	-77	20
Day 134	518	-1639	6	-11	17	-22	44%	56%	-640	40
Day 135	224	336	5	-3	19	-4	97%	3%	-100	20
Day 136	212	911	12	-6	26	-14	92%	8%	-100	29

DATE	交易口數	利潤	平均獲利	平均損失	單次最大獲利	單次最大損失	勝率	賠率	最大風險	加碼口數
Day 137	314	1131	12	-11	36	-25	86%	14%	-32	15
Day 138	562	-156	5	-11	19	-21	80%	20%	-555	35
Day 139	396	336	6	-9	14	-16	78%	22%	-55	18
Day 140	198	494	6	-3	18	-3	94%	6%	-32	14
Day 141	358	266	15	-14	44	-28	61%	39%	-1250	35
Day 142	266	264	6	-11	18	-16	80%	20%	-265	24
Day 143	186	430	8	-4	33	-5	80%	20%	-33	16
Day 144	284	782	9	-7	27	-20	84%	16%	-38	19
Day 145	240	574	7	-4	17	-7	88%	12%	-22	20
Day 146	490	-546	6	-9	19	-26	45%	55%	-360	28
Day 147	320	-327	3	-7	12	-15	66%	34%	-90	20

DATE	交易口數	利潤	平均獲利	平均損失	單次最大獲利	單次最大損失	勝率	賠率	最大風險	加碼口數
Day 148	250	3	3	-7	10	-14	86%	14%	-54	21
Day 149	350	489	6	-2	18	-2	85%	15%	-127	25
Day 150	420	-671	4	-10	9	-18	57%	43%	-595	43
Day 151	230	-311	4	-6	19	-17	50%	50%	-61	15
Day 152	288	205	4	-5	17	-8	73%	27%	-16	10
Day 153	308	162	6	-5	17	-8	71%	29%	-32	15
Day 154	276	52	6	-5	13	-11	60%	40%	-78	22
Day 155	82	239	7	-8	17	-6	93%	7%	-99	15
Day 156	140	242	16	-6	29	-13	66%	34%	-99	15
Day 157	198	510	7	-5	24	-2	88%	12%	-3	11
Day 158	302	-442	6	-9	16	-14	42%	58%	-90	25

DATE	交易口數	利潤	平均獲利	平均損失	單次最大獲利	單次最大損失	勝率	賠率	最大風險	加碼口數
Day 159	174	338	6	-4	20	-5	89%	11%	-2	18
Day 160	108	-150	3	-6	8	-8	59%	41%	-48	11
Day 161	112	-154	6	-8	12	-22	41%	59%	-74	23
Day 162	170	131	4	-5	12	-7	77%	23%	-3	8
Day 163	118	73	5	-7	12	-11	76%	24%	-34	11
Day 164	70	69	8	-2	20	-5	83%	17%	-3	6
Day 165	134	180	3	-2	10		100%	0%	-3	9
Day 166	104	-27	3	-6	10	-10	77%	23%	-15	6
Day 167	68	2	4	-4	8	-7	61%	39%	-15	9
Day 168	40	47	2		7		100%	0%	-99	9
Day 169	136	247	5	-5	19	-4	88%	12%	-21	16

DATE	交易口數	利潤	平均獲利	平均損失	單次最大獲利	單次最大損失	勝率	賠率	最大風險	加碼口數
Day 170	100	46	8	-6	19	-7	54%	46%	-9	15
Day 171	132	112	4	-6	14	-9	88%	12%	-180	10
Day 172	156	318	6	-3	20	-3	88%	12%	-11	11
Day 173	124	190	4	-1	13		100%	0%	-120	20
Day 174	196	-13	5	-9	11	-11	66%	34%	-177	23
Day 175	170	196	4	-3	15	-3	85%	15%	-5	13
Day 176	110	318	10	-6	26	-13	78%	22%	-25	14
Day 177	248	193	4	-6	11	-7	84%	16%	-16	15
Day 178	192	272	5	-2	21	-2	90%	10%	-15	10
Day 179	160	-52	3	-5	10	-8	60%	40%	-56	15
Day 180	184	103	3	-3	9	-4	84%	16%	-25	15

DATE	交易口數	利潤	平均獲利	平均損失	單次最大獲利	單次最大損失	勝率	賠率	最大風險	加碼口數
Day 181	140	177	5	-3	11	-4	93%	7%	-5	13
Day 182	260	173	3	-3	13	-3	76%	24%	-10	15
Day 183	132	176	4	-2	11	-1	97%	3%	-12	15
Day 184	102	162	4	-6	11	-5	90%	10%	-5	16
Day 185	156	76	3	-3	7	-5	83%	17%	-12	15
Day 186	292	-347	6	-7	12	-23	40%	60%	-572	39
Day 187	166	112	5	-3	14	-4	73%	27%	-5	15
Day 188	246	130	4	-2	11	-4	92%	8%	-50	15
Day 189	210	390	5	-4	17	-5	91%	9%	-14	15
Day 190	280	-71	4	-8	30	-17	74%	26%	-90	15
Day 191	212	409	6	-6	18	-20	94%	6%	-80	18

DATE	交易口數	利潤	平均獲利	平均損失	單次最大獲利	單次最大損失	勝率	賠率	最大風險	加碼口數
Day 192	194	-10	5	-5	14	-13	68%	32%	-56	15
Day 193	340	171	5	-6	25	-7	74%	26%	-335	30
Day 194	234	184	5	-4	15	-9	81%	19%	-185	25
Day 195	330	314	6	-8	14	-18	87%	13%	-149	39
Day 196	222	302	7	-4	19	-12	88%	12%	-147	34
Day 197	272	497	6	-3	17	-5	92%	8%	-87	34
Day 198	394	-33	7	-15	32	-34	80%	20%	-506	35
Day 199	412	-737	6	-12	14	-28	56%	44%	-378	49
Day 200	434	614	6	-4	20	-7	81%	19%	-18	30
Day 201	278	534	11	-6	26	-14	77%	23%	-30	30
Day 202	242	598	6	-6	17	-11	93%	7%	-35	22

DATE	交易口數	利潤	平均獲利	平均損失	單次最大獲利	單次最大損失	勝率	賠率	最大風險	加碼口數
Day 203	308	-400	3	-5	7	-11	55%	45%	-113	33
Day 204	164	189	6	-6	15	-15	84%	16%	-68	12
Day 205	192	397	10	-18	27	-27	85%	15%	-117	17
Day 206	238	460	7	-4	20	-20	94%	6%	-21	18
Day 207	228	423	5	-7	17	-10	92%	8%	-28	11
Day 208	566	-1148	7	-13	25	-44	52%	48%	-271	28
Day 209	106	99	4	-4	12	-5	89%	11%	-10	5
Day 210	298	285	5	-4	15	-9	75%	25%	-18	15
Day 211	368	-237	4	-5	11	-11	61%	39%	-56	15
Day 212	144	-1	2	-2	9	-6	83%	17%	-3	6
Day 213	226	87	5	-6	16	-15	72%	28%	-195	15

DATE	交易口數	利潤	平均獲利	平均損失	單次最大獲利	單次最大損失	勝率	賠率	最大風險	加碼口數
Day 214	166	121	5	-4	14	-13	83%	17%	-22	8
Day 215	184	129	5	-4	11	-14	74%	26%	-51	18
Day 216	228	-1186	5	-21	12	-42	45%	55%	-748	29
Day 217	170	206	4	-4	14	-5	92%	8%	-24	18
Day 218	118	169	5	-9	12	-11	85%	15%	-33	11
Day 219	224	-416	3	-11	10	-26	62%	38%	-83	14
Day 220	142	71	5	-4	15	-10	63%	37%	-33	12
Day 221	74	-49	3	-9	7	-14	70%	30%	-153	20
Day 222	40	16	2	-5	8	-10	89%	11%	-10	3
Day 223	42	49	4	-1	10		100%	0%	-3	4
Day 224	164	-176	3	-12	10	-16	73%	27%	-549	22

DATE	交易口數	利潤	平均獲利	平均損失	單次最大獲利	單次最大損失	勝率	賠率	最大風險	加碼口數
Day 225	54	36	4	-3	11	-4	89%	11%	-3	5
Day 226	86	55	3	-2	9	-1	86%	14%	-3	10
Day 227	190	-58	3	-5	8	-10	74%	26%	-51	12
Day 228	106	-12	4	-5	11	-16	68%	32%	-25	9
Day 229	108	-28	4	-5	11	-15	69%	31%	-3	11
Day 230	118	31	3	-4	9	-4	80%	20%	-3	6
Day 231	94	75	3	-2	9	-1	89%	11%	-12	6
Day 232	114	184	6	-6	22	-5	75%	25%	-9	6
Day 233	146	538	13	-7	63	-25	85%	15%	-34	8
Day 234	68	46	2	-2	9		100%	0%	-69	12
Day 235	52	42	3	-2	16		100%	0%	-12	3

DATE	交易口數	利潤	平均獲利	平均損失	單次最大獲利	單次最大損失	勝率	賠率	最大風險	加碼口數
Day 236	70	1	4	-4	10	-12	77%	23%	-3	8
Day 237	54	20	2	-4	8	-6	89%	11%	-12	7
Day 238	84	29	7	-4	16	-4	53%	47%	-42	11
Day 239	92	60	3	-2	13		100%	0%	-5	10
Day 240	120	218	5	-2	16	-2	97%	3%	-10	8
Day 241	98	75	3	-5	10	-6	86%	14%	-27	11
Day 242	264	-648	5	-12	13	-16	48%	52%	-200	25
Day 243	80	96	5	-2	12	-1	92%	8%	-1	7
Day 244	186	148	3	-3	11	-13	85%	15%	-11	10
Day 245	130	129	5	-4	23	-9	76%	24%	-12	6
Day 246	196	307	6	-3	17	-9	90%	10%	-31	20

DATE	交易口數	利潤	平均獲利	平均損失	單次最大獲利	單次最大損失	勝率	賠率	最大風險	加碼口數
Day 247	120	-105	4	-5	9	-11	55%	45%	-47	9
Day 248	164	108	4	-5	12	-13	84%	16%	-31	9
Day 249	180	-229	4	-7	11	-13	63%	37%	-74	12
Day 250	158	221	4	-1	18	-4	96%	4%	-30	11
Day 251	92	105	4	-2	18	-5	93%	7%	-8	8
Day 252	12	1	6	-5	8	-3	50%	50%	-12	3
Day 253	148	-54	3	-6	11	-14	65%	35%	-9	6
Day 254	102	132	4	-4	15	-4	78%	22%	-8	6
Day 255	130	22	2	-3	10	-3	79%	21%	-3	9
Day 256	118	127	4	-3	17	-4	90%	10%	-6	15
Day 257	56	26	4	-4	12	-6	75%	25%	-39	9

DATE	交易 口數	利 潤	平均 獲利	平均 損失	單次最 大獲利	單次最 大損失	勝 率	賠 率	最大 風險	加碼 口數
Day 258	132	188	4	-1	14		100%	0%	-12	12
Day 259	232	539	6	-3	27	-8	96%	4%	-63	9
Day 260	186	435	7	-2	24	-3	87%	13%	-7	9
Day 261	242	494	7	-7	32	-18	82%	18%	-123	20
Day 262	246	209	5	-6	18	-25	81%	19%	-20	15
Day 263	190	411	6	-3	24	-5	94%	6%	-21	10
Day 264	166	211	7	-8	31	-21	78%	22%	-18	14
Day 265	190	105	5	-6	21	-10	73%	27%	-18	11
Day 266	156	34	3	-3	9	-4	73%	27%	-3	7
Day 267	166	80	3	-3	9	-6	89%	11%	-15	12
Day 268	166	65	5	-3	18	-6	85%	15%	-9	16

DATE	交易口數	利潤	平均獲利	平均損失	單次最大獲利	單次最大損失	勝率	賠率	最大風險	加碼口數
Day 269	226	30	4	-5	15	-8	73%	27%	-48	10
Day 270	178	98	3	-5	11	-7	81%	19%	-20	14
Day 271	90	56	4	-3	11	-3	80%	20%	-8	9
Day 272	108	-98	4	-6	10	-12	64%	36%	-66	12
Day 273	114	20	3	-5	14	-8	82%	18%	-9	9
Day 274	152	192	4	-2	14	-7	92%	8%	-2	9
Day 275	176	109	3	-3	9	-4	89%	11%	-35	14
Day 276	204	380	16	-6	52	-11	53%	47%	-68	15
Day 277	164	314	5	-5	19	-4	85%	15%	-6	6
Day 278	326	568	7	-6	18	-12	83%	17%	-30	26
Day 279	320	462	7	-7	27	-15	79%	21%	-42	20

DATE	交易口數	利潤	平均獲利	平均損失	單次最大獲利	單次最大損失	勝率	賠率	最大風險	加碼口數
Day 280	316	439	11	-7	28	-13	67%	33%	-161	31
Day 281	250	-273	4	-7	12	-19	57%	43%	-55	12
Day 282	314	281	7	-5	20	-10	76%	24%	-10	21
Day 283	100	118	11	-6	28	-10	59%	41%	-6	10
Day 284	162	160	3	-3	9	-2	94%	6%	-68	15
Day 285	152	319	5	-1	13		100%	0%	-68	25
Day 286	256	291	6	-10	18	-22	90%	10%	-60	20
Day 287	186	160	5	-3	19	-5	75%	25%	-2	18
Day 288	136	247	6	-5	24	-5	82%	18%	-6	10
Day 289	248	-564	4	-7	9	-19	35%	65%	-65	30
Day 290	128	-37	3	-4	9	-7	69%	31%	-12	12

DATE	交易口數	利潤	平均獲利	平均損失	單次最大獲利	單次最大損失	勝率	賠率	最大風險	加碼口數
Day 291	190	370	8	-7	23	-22	87%	13%	-78	15
Day 292	72	-48	4	-7	7	-7	56%	44%	-48	11
Day 293	164	652	10	-7	27	-8	94%	6%	-35	15
Day 294	106	293	7	-2	18	-1	94%	6%	-6	11
Day 295	180	255	9	-4	19	-8	78%	22%	-72	21
Day 296	120	1	2	-4	8	-6	88%	12%	-6	9
Day 297	196	-36	4	-7	11	-10	60%	40%	-25	24
Day 298	166	501	9	-3	27	-4	92%	8%	-68	13
Day 299	164	343	7	-3	21	-4	80%	20%	-20	10
Day 300	136	232	6	-3	17	-9	88%	12%	-7	10
Day 301	6	-5		-2	1		100%	0%	-68	3

DATE	交易口數	利潤	平均獲利	平均損失	單次最大獲利	單次最大損失	勝率	賠率	最大風險	加碼口數
Day 302	228	478	8	-4	24	-7	87%	13%	-28	13
Day 303	170	98	4	-5	9	-10	76%	24%	-23	23
Day 304	108	231	6	-9	19	-9	89%	11%	-28	6
Day 305	126	410	8	-3	23	-3	92%	8%	-10	13
Day 306	210	469	8	-4	20	-6	80%	20%	-20	17
Day 307	184	373	9	-6	22	-8	75%	25%	-79	30
Day 308	164	76	4	-4	17	-9	86%	14%	-3	16
Day 309	170	226	5	-2	15	-4	93%	7%	-28	11
Day 310	152	125	4	-6	14	-9	79%	21%	-8	15

註：紅色數字代表賺賠超過20萬台幣

附錄 II
7trade財富管理系統

　　要在什麼價位賣出股票永遠是一件困難的事，投資人很難執行有紀律的停利和停損，為了幫助投資人做到「大賺小賠」，7trade開發出史上最強大的財富管理系統，如同本書一再強調的，如果能選擇碎步上漲的個股進行投資，並且善用這套財富管理系統的輔助，相信長期獲利是可以期待的。

圖 A2.1　多空頭市場警示

多頭警示

智能警示設定

年度發生機率低於 **2%** 的下跌 K 棒，這是多頭的警訊。

股價由前波高點下跌超過 **20%**，這是多頭的警訊。

空頭警示

智能警示設定

年度發生機率低於 **2%** 的上漲 K 棒，這是空頭的警訊。

股價由前波低點上漲超過 **22%**，這是空頭的警訊。

圖 A2.2　持有部位加碼

多頭部位加碼

加碼型態	智能加碼設定
	有價證券價格每上漲 **10%** 時加碼，第一次加碼比重為輸入股數 **1/3**；第二次加碼比重為輸入股數 **1/6**；後續加碼比重同第二次加碼。 * 有價證券價格係指輸入日的收盤價(假日輸入則為前交易日收盤價)。

空頭部位加碼

加碼型態	智能加碼設定
	有價證券價格每下跌 **10%** 時加碼，第一次加碼比重為輸入股數 **1/3**；第二次加碼比重為輸入股數 **1/6**；後續加碼比重同第二次加碼。

持有部位出清

多頭部位出清

出清型態	智能出清設定
	日內收盤價低於最高價的 **87-88%**；登錄股價下跌超過 **20%**。

空頭部位出清

出清型態	智能出清設定
	日內收盤價高於最低價的 **12-13%**；登錄股價上漲超過 **22%**。

圖A2.3　持有部位減碼

多頭部位減碼

減碼型態	智能減碼設定
	當X= 8 - 13% 時，減碼 1/2 手上部位。在X點後，分 3 次平均拋售手上部位，當新低點出現時執行減碼。
	當價格碰觸到X點時，減碼 1/2 手上部位。在X點後，分 3 次平均拋售手上部位，當新低點出現時執行減碼。
	當價格碰觸到X點時，減碼 1/2 手上部位。在X點後，分 3 次平均拋售手上部位，當新低點出現時執行減碼。
	當價格碰觸到X點時，減碼 1/2 手上部位。在X點後，分 3 次平均拋售手上部位，當新低點出現時執行減碼。
	當價格碰觸到X點時，減碼 2/3 手上部位。在X點後，分 3 次平均拋售手上部位，當新低點出現時執行減碼。
	當價格碰觸到X點時，減碼 1/2 手上部位。在X點後，分 3 次平均拋售手上部位，當新低點出現時執行減碼。
	年度發生機率低於 1% 的空頭型態，股價持續下跌機率高於 90%。

圖A2.4 持有部位減碼

空頭部位減碼

減碼型態	智能減碼設定
	當X= 8 - 13% 時,減碼 1/2 手上部位。在X點後,分 3 次平均拋售手上部位,當新高點出現時執行減碼。
	當價格碰觸到X點時,減碼 1/2 手上部位。在X點後,分 3 次平均拋售手上部位,當新高點出現時執行減碼。
	當價格碰觸到X點時,減碼 1/2 手上部位。在X點後,分 3 次平均拋售手上部位,當新高點出現時執行減碼。
	當價格碰觸到X點時,減碼 1/2 手上部位。在X點後,分 3 次平均拋售手上部位,當高低點出現時執行減碼。
	當價格碰觸到X點時,減碼 2/3 手上部位。在X點後,分 3 次平均拋售手上部位,當新高點出現時執行減碼。
	當價格碰觸到X點時,減碼 1/2 手上部位。在X點後,分 3 次平均拋售手上部位,當新高點出現時執行減碼。
	年度發生機率低於 1% 的多頭型態,股價持續上漲機率高於 90%。

附錄 III

獨家贈送
7trade點數兌換及使用方法

1. 進入 7trade 官網：www.7trade.com.tw。
2. 註冊 7trade 帳號後登入或使用 Google 號登入，參見圖 A3.1。
3. 帳號登入後點擊「會員資訊」，再點擊「序號兌換」，參見圖 A3.2。
4. 輸入下列序號代碼後，即可獲得 300 點數。

> **7trade速度盤體驗點數300點**　1279
>
> 兌換序號：
>
> www.7trade.com.tw 提供

※ 如有使用疑問，請洽客服信箱：7trade.tw@gmail.com

5. 點擊功能列上的「儲值購買」，即可選擇盤中或盤後資訊服務，參見圖A3.3。

6. 讀者也可以選擇財富管理服務。點擊功能列上的「財富管理」，再點擊「財富管理設定」，閱讀「財富管理三步驟」教學後，開始財富管理，參見圖A3.4。

7. 點擊「開始財富管理」鍵，進入交易紀律頁面，點擊「交易紀律設定」，選擇智能化交易紀律或手動交易紀律。交易紀律設定完成後，點擊「建立投資組合」，參見圖A3.5。

8. 在建立投資組合頁面輸入個股代碼、投資方向、證券股數和管理天數後點擊「送出」鍵，參見圖A3.6。

9. 投資組合設定後，頁面會自動進入「我的投資組合」，參見圖A3.7。

10. 當加減（碼）型態出現時，系統會在盤中（盤後）顯示，參見圖A3.8。

圖A3.1 會員登入完成

圖A3.2 序號登入

圖A3.3 儲值購買

圖A3.4 財富管理設定

圖A3.5　開始財富管理

圖A3.6　建立投資組合

圖 A3.7 我的投資組合

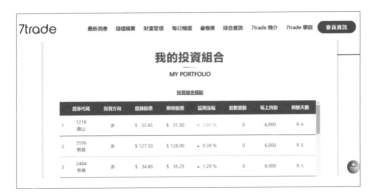

圖 A3.8 加減碼資料表

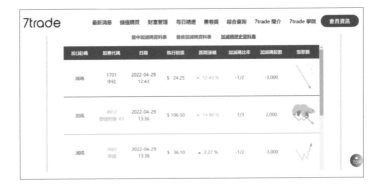

附錄 **IV 參考文獻**

Barber, B., Lee, Y-T., Liu, Y-J., Odean, T. 2009. Just how much do individual investors lose by trading? Review of Financial Studies, 22, 609-632.

Barber, B., and Odean, T. 2001. Boys will be boys: gender, overconfidence, and common stock investment. Quarterly Journal of Economics. 116, 261-292.

Chen, M.K., Lakshminarayanan, V., Santos, L.R. 2006. How basic are behavioral biases? evidence from capuchin monkey trading behavior. Journal of Political Economy, 114, 517-537.

Coval, J. D., and Shumway, T. 2005. Do behavioral biases affect prices? Journal of Finance, 60, 1-34.

Edmans, A., Garcia, D., Norli, Ø. 2007. Sport sentiment and stock returns, Journal of Finance, 62, 1967-1998.

Gervais, S., and Odean, T. 2001. Learning to be overconfident. Review of Financial Studies, 14, 1-27.

Grinblatt, M., and Keloharju, M. 2001. What makes investors trade? Journal of Finance, 56, 589-616.

Hirshleifer, D., and Shumway, T. 2003. Good day sunshine: stock returns and the weather. Journal of Finance, 58, 1009-1062.

Kelly, E., and Tetlock, P. 2017. Retail short selling and stock prices. Review of Financial Studies, 30, 801-834.

Lee, C., and Swaminathan, B. 2002. Price momentum and trading volume. Journal of Finance, 55, 2017-2069.

Locke, P. R., and Mann, S.C. 2005. Professional trader discipline and trade disposition. Journal of Financial Economics, 76, 401-444.

Richards. A. 2005. Big fish in small ponds: the trading behavior and price impact of foreign investors in Asian emerging equity markets. Journal of Financial Quantitative and Analysis, 40, 1-27.

Thaler, A. H., and Johnson, E. J. 1990. Gambling with the house money and trying to break even: the effects of prior outcomes on risky choice. Management Science, 36, 643-660.

90 天 900 萬
寫給迷途投資人的速度盤獲利心法【10 週年全新增訂版】

作　　　者	林昭賢
主　　　編	郭峰吾

總 編 輯	李映慧
執 行 長	陳旭華（ymal@ms14.hinet.net）

社　　　長	郭重興
發行人兼 出版總監	曾大福
出　　　版	大牌出版／遠足文化事業股份有限公司
發　　　行	遠足文化事業股份有限公司
地　　　址	23141 新北市新店區民權路 108-2 號 9 樓
電　　　話	+886- 2- 2218 1417
傳　　　真	+886- 2- 8667 1851

印務協理	江域平
封面設計	陳文德
排　　版	藍天圖物宣字社
法律顧問	華洋法律事務所　蘇文生律師
	（本書僅代表作者言論，不代表本公司／出版集團之立場與意見）

定　　　價	450 元
初　　　版	2022 年 6 月

ISBN

978-626-7102-30-5（平裝）

978-626-7102-31-2（EPUB）

978-626-7102-32-9（PDF）

國家圖書館出版品預行編目（CIP）資料

90 天 900 萬：寫給迷途投資人的速度盤獲利心法【10 週年全新增訂版】
/ 林昭賢 著 – 初版 . -- 新北市：大牌出版，遠足文化事業股份有限公司，
2022.6 面 ; 公分
ISBN 978-626-7102-30-5（平裝）
1. 投資分析　2. 投資技術

563.5　　　　　　　　　　　　　　　　　　　　　111002904